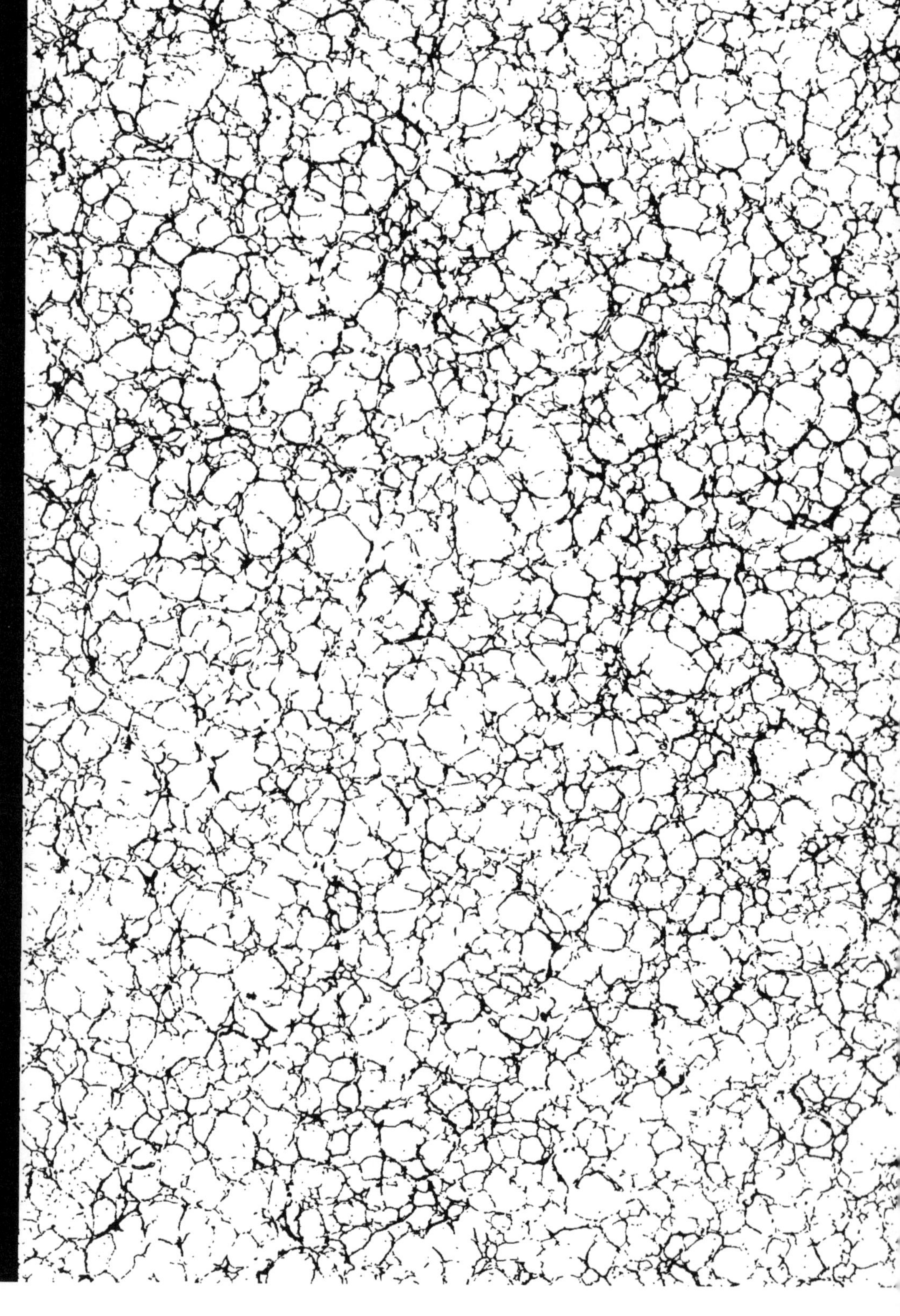

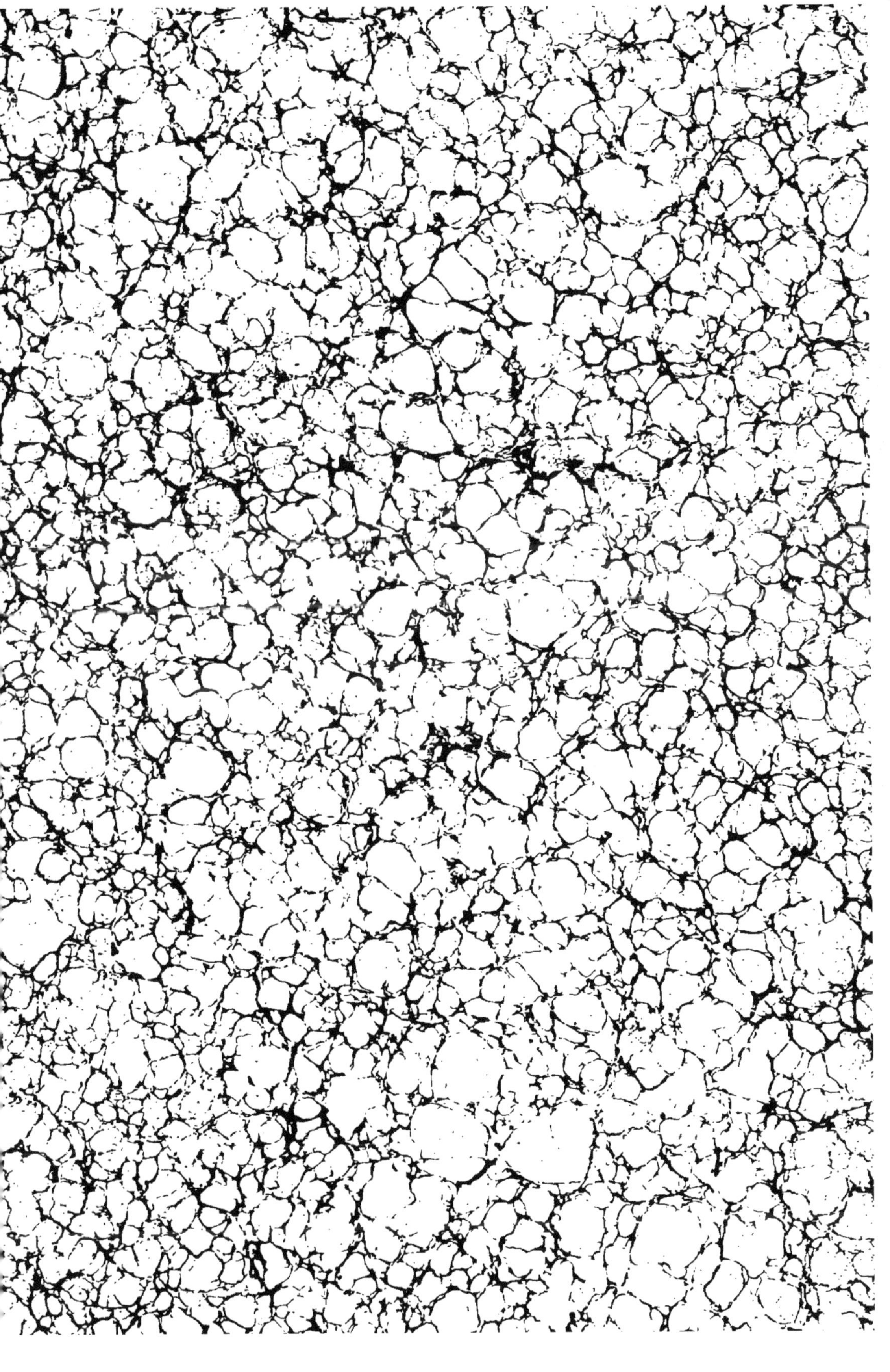

KLÉBER

rue des Poitevins, 6.

Paris. — Typ. de Bou

LE GÉNÉRAL

KLÉBER

PAR

LE BARON ERNOUF

Mayence et Vendée
Allemagne
Expédition d'Égypte

PARIS
LIBRAIRIE ACADÉMIQUE
DIDIER ET Cie, LIBRAIRES-ÉDITEURS
35, QUAI DES AUGUSTINS, 35

1867

« Un jour de combat, rien n'est si beau que Kléber. » Cette parole de Bonaparte résume fidèlement l'impression de ceux qui avaient vu à l'œuvre le héros d'Héliopolis, l'un des types de guerriers les plus accomplis que nous offre l'histoire, et que l'imagination puisse rêver. Peu d'hommes ont réuni à un degré aussi éminent toutes les qualités qui font le grand capitaine : sagesse dans le conseil, audace et ténacité dans l'action, capacité de vaincre et de profiter de la victoire. A cette supériorité morale, il joignait les avantages physiques. Kléber était, comme Gustave-Adolphe, d'une taille presque gigantesque. Tout en lui respirait l'amour du péril et de la gloire; sa tête à crinière de lion, rayonnante d'audace, dominait au loin la foule; sa voix sympathique et puissante, son attitude superbement inspirée, entraînaient le soldat, évoquaient souverainement la victoire.

Les histoires générales de la Révolution n'ont mis jusqu'ici en pleine lumière que les derniers jours de Kléber. On oublie trop les antécédents qui l'avaient recommandé à la confiance de Bonaparte. Nous allons essayer de mieux faire connaître Kléber, en interrogeant surtout ses *Mémoires* et sa correspondance officielle et intime. C'est un héros de Plutarque, qui va lui-même nous raconter sa vie.

LIVRE PREMIER

SIÉGE DE MAYENCE

GUERRE DE VENDÉE

SIÉGE DE MAYENCE

GUERRE DE VENDÉE

I

Kléber n'était déjà plus un jeune homme à l'époque de la Révolution. Fils d'un maître terrassier de Strasbourg, il avait d'abord étudié l'architecture, son humble origine lui interdisant tout espoir d'avenir dans l'état militaire. Une circonstance fortuite vint en aide à sa vocation véritable, mais faillit l'enlever pour toujours à la France. En sa qualité d'Alsacien, Kléber parlait aussi bien l'allemand que le français. Deux gentilshommes bavarois insultés dans une brasserie de Strasbourg, et dont il avait énergiquement pris la défense, virent en lui presque un compatriote, et le décidèrent à les suivre à Munich. Il entra, grâce à leur protection, à l'école où l'électeur de Bavière faisait élever les jeunes gens de famille destinés au service militaire. Kléber s'y fit remarquer par son aptitude et ses progrès rapides, si bien que, huit mois après, il osa solliciter une place vacante de professeur. Cette présomption de la part d'un jeune étranger, qui n'était pas même de noblesse, fut considérée comme scandaleuse et punie de plusieurs jours d'emprisonnement. Peu de temps après cette mésaventure, un général autrichien, fils du célèbre diplomate Kaunitz, visitant l'école de Munich, remarqua les dessins du jeune Kléber, fut encore plus frappé de sa conversation et de sa belle tournure militaire, et lui fit accepter une sous-lieutenance dans un régiment autrichien.

Kléber servit sept ans en Autriche, où, heureusement pour nous et pour lui, il retrouva les préjugés nobiliaires en travers de sa route. Il eut d'ailleurs peu d'occasions de se signaler pendant cette période, où le service actif de son régiment se borna à quelques escarmouches insignifiantes contre les Turcs et à une démonstration offensive sur la frontière prussienne, quand la mort de l'électeur de Bavière faillit susciter une nouvelle conflagration en Allemagne. Les jeunes officiers crurent un moment que les beaux jours de la guerre de Sept ans allaient renaître, mais l'événement justifia les prévisions du grand Frédéric ; il n'y eut cette fois qu'une « guerre de plume. » Si l'on s'était battu sérieusement à cette époque, Kléber aurait sûrement attiré l'attention sur lui par quelque action d'éclat, et, quinze ans plus tard, les armées de la République auraient pu trouver sur la Sambre et le Rhin un adversaire redoutable dans cet officier Alsacien d'origine, redevenu tout à fait Allemand. Par bonheur, la paix de Teschen dégoûta Kléber du service. Se voyant encore lieutenant à trente ans passés et sans chance d'avancement, il obtint un congé, revint à Strasbourg, et trouva moyen de se faire recommander à l'un des principaux personnages de sa province natale, l'intendant La Galaisière, qui le nomma inspecteur des bâtiments publics de la haute Alsace. Kléber remplit ces fonctions jusqu'en 1791 ; mais un instinct irrésistible le ramenait toujours aux études militaires. Résidant habituellement à Béfort, où il habitait, non loin des remparts, un pavillon qu'il s'était bâti lui-même et qui subsiste encore, il se plaisait à étudier ces fortifications, qui lui offraient une curieuse application du système de Vauban accolé à des vestiges importants de l'architecture militaire du moyen âge. Cette étude de simple curiosité lui fut d'un grand secours dans la carrière que lui rouvrit inopinément la Révolution.

Kléber ne pouvait avoir un attachement bien vif pour un régime qui lui avait interdit l'accès de l'armée française, et avait failli l'empêcher de rester Français. Aussi il figura tout d'abord parmi les plus ardents patriotes de Béfort. Les réformes de 1789 avaient été accueillies avec enthousiasme par la majorité des habitants de l'Alsace, mais avec une satisfaction fort équivoque par quelques-uns de ces régiments, dont M. de Bouillé dit dans ses *Mémoires*, qu'il « s'en croyait sûr, » et dont, par conséquent, les partisans des idées nouvelles avaient quelque raison de se défier. De ce nombre étaient les deux régiments de cavalerie, alors en garnison à

Béfort. Le 21 octobre 1790, cette ville fut le théâtre d'une sorte de contrefaçon en miniature du fameux repas des gardes du corps à Versailles. Des officiers et des soldats de la garnison de Béfort, ivres et peut-être provoqués, parcoururent la ville en criant : « Vive le roi, et au diable la nation ! » M. de Bouillé lui-même ne put se dispenser d'improuver officiellement cette manifestation, qui, dans l'état d'énervement absolu du pouvoir exécutif, ne pouvait être dangereuse que pour ceux qui se la permettaient. Toutefois, les patriotes de Béfort se crurent un moment victimes de ce qu'on nommait les complots de la cour, et, comme c'est dans les moments d'épreuve que l'on reconnaît aisément les gens de cœur, Kléber se fit particulièrement remarquer en cette circonstance, par l'énergie avec laquelle il prit la défense des membres de la municipalité insultés.

Mais il était impatient de donner à son pays des gages plus sérieux de dévouement. Tandis que tant d'autres couraient aux frontières avec l'heureuse ardeur de la jeunesse, sans prévoir quels crimes on allait commettre derrière eux et à l'abri de leurs armes, Kléber suivait la même voie avec une résolution plus froide, mais non moins énergique. C'était par réflexion et non par entraînement qu'il reprenait l'état militaire comme le plus honorable et, à tout prendre, le moins dangereux que l'on pût exercer dans un temps de crise, où l'on n'avait que le choix des périls.

Engagé, en 1792, comme simple grenadier dans un des bataillons du Haut-Rhin, il reçut, chemin faisant, le grade d'adjudant-major ou officier instructeur, fonctions pour lesquelles il était naturellement désigné par ses antécédents militaires. Il commença son service actif dans une de ces circonstances difficiles qui portent d'elles-mêmes au premier rang les hommes dignes de commander. Son bataillon se trouva compris dans cette partie de l'armée du Rhin que l'imprévoyant Custine laissa envelopper dans Mayence. Ce fut là que Kléber se révéla tout entier à la République. « J'y vécus quatre mois sous une voûte de feu, dit-il au commencement de ses *Mémoires* ; j'assistais à toutes les sorties, je résistais à toutes les attaques. » On ne saurait trop regretter qu'il n'ait pas jugé à propos de donner lui-même quelques détails sur ce siége, pendant lequel il fut nommé adjudant général. Les troupes dont se composait la garnison de Mayence étaient, à cette époque, l'élite de l'armée française; c'était là que se trouvaient, dans la plus forte proportion, non-seulement de vieux soldats, mais des officiers déjà expérimentés, ayant obtenu leurs grades avant la Révolution; d'anciens nobles, par conséquent, mais ralliés loyalement à une cause qui, bien que compromise par tant d'excès, n'en était pas moins celle de la France. Doublement odieux à ses ennemis, fatalement suspects à ses autres défenseurs, et placés, pour ainsi dire, entre deux feux, ils restaient fidèles quand même à la patrie. La garnison de Mayence comptait, parmi ses chefs, plusieurs de ces hommes héroïques, que la force des choses maintenait au premier rang, même depuis que le privilége de la naissance était devenu presque une cause d'indignité. Les principaux étaient Aubert-Dubayet, qui défendait la France contre l'invasion avec le même courage qu'il avait défendu la monarchie constitutionnelle sur les bancs de l'Assemblée législative; Meusnier, lieutenant-colonel du génie avant la Révolution, ancien collaborateur de Lavoisier[1]; Bruneteau de Sainte-Suzanne, jadis page d'une des sœurs de Louis XV; Bachelier de Beaupuy, descendant de Montaigne par les femmes, et l'un des officiers les plus braves et les plus spirituels de l'armée; Boisgérard, qui devint l'un des meil- généraux d'artillerie du premier Empire. On voyait aussi figurer parmi les défenseurs de Mayence des hommes appartenant à la haute bourgeoisie, comme Haxo, rival de Kléber par sa taille et par sa physionomie martiale, et cet intrépide Jordy, trop oublié par les historiens, guerrier mutilé et balafré dans vingt rencontres, et digne d'être surnommé le Rantzau de la République. Tels étaient les hommes dont Kléber se trouva le compagnon et devint bientôt l'ami.

1. Meusnier avait été l'un des premiers promoteurs de l'invention des aérostats. Pendant le siége de Mayence, il était spécialement chargé de la défense de Castel, sur la rive droite du Rhin. Il succomba glorieusement, admiré et regretté des ennemis eux-mêmes. L'un de ses aides de camp était Damas, jeune homme aussi instruit que courageux, qui s'attacha ensuite à Kléber, le suivit dans la Vendée, en Allemagne, et devint son chef d'état-major en Égypte.

Ce siége de Mayence, en 1793, est un des incidents capitaux des premières guerres de la Révolution. Cette grande et terrible époque nous accable en quelque sorte par la profusion des souvenirs. Des faits plus récents, accomplis dans les mêmes lieux, recouvrent la trace d'actions non moins dignes de mémoire. C'est ainsi que dans les siècles de la plus brillante efflorescence de l'Italie, l'espace manquait souvent aux pinceaux des nouvelles générations d'artistes; bien des murs, bien des voûtes de palais, d'églises ou de cloîtres recèlent des œuvres primitives d'une haute importance, dédaigneusement enfouies sous des décorations plus récentes, qui souvent ne les valent pas. Parmi les souvenirs de la Révolution qu'on pourrait pareillement nommer archaïques, aucun peut-être n'est plus digne d'être remis en pleine lumière que ce premier siége de Mayence.

Nous n'avons pas à raconter en détail les événements de ce siége; nous voulons seulement indiquer la part que Kléber prit directement à quelques-unes des opérations les plus importantes de la défense. Ses anciennes études d'architecture militaire lui furent d'un merveilleux secours dans cette circonstance ; il devint l'auxiliaire le plus constant et le plus utile de Dubayet, chargé de la défense des fortifications extérieures. Il ne s'en tint pas au rôle d'ingénieur; il conseilla plusieurs opérations offensives, et prit une part importante à leur exécution. Ce fut lui qui suggéra l'idée de deux audacieuses sorties de nuit, qui auraient pu avoir une influence décisive sur les destinées du siége. La première, désignée dans l'histoire sous le nom de sortie de Biberich, eut lieu au début même de l'investissement (11 avril). Deux colonnes, dont l'une était guidée par Kléber lui-même, descendaient sur la rive droite du Rhin, tandis qu'une troisième, sous les ordres de Meusnier, montait directement de Castel vers le coteau d'Hocheim. Le but de cette attaque combinée était de prendre à revers et de jeter dans le Rhin les Hessois, qui formaient le blocus de ce côté. Cette belle opération manqua par suite de la méprise d'une des colonnes de sortie, qui fit feu sur l'autre dans les ténèbres, et l'affaire aurait été désastreuse pour les troupes engagées, si Kléber n'eût couvert la retraite avec autant de sang-froid que d'intrépidité. L'autre sortie, celle de Marienborn (30 mai), opérée contre les Prussiens sur l'autre rive, faillit avoir encore des conséquences plus sérieuses. Six mille hommes pénétrèrent, à travers les lignes des assiégeants, jusqu'au quartier général du roi de Prusse, qui manqua être fait prisonnier. Ce fut à partir de cette époque que la garnison de Mayence, jusque-là investie plutôt qu'assiégée, vit s'abaisser sur elle la voûte de feu dont parle Kléber. Pendant quatre mois, « elle ignora si la France existait encore. »

Elle eut même, à l'époque des événements du 31 mai, à se défendre de suggestions plus dangereuses que le bombardement, car elles mettaient l'honneur en péril. Des messages officieux exagéraient encore aux défenseurs de Mayence les convulsions intérieures de la République ; on leur représentait que le gouvernement auquel ils se dévouaient n'existait plus, que l'anarchie seule régnait en France, qu'elle tendait fatalement au rétablissement de l'ancien ordre de choses, et qu'alors l'obstination de cette résistance leur serait plutôt imputée à crime. Il leur fallut une force d'âme vraiment surhumaine pour fermer l'oreille à de telles avances, et pour demeurer inébranlables dans le sentier abrupte du devoir.

Le 23 juillet, la place fut remise aux Prussiens par une capitulation que Kléber et ses héroïques compagnons subirent sans y prendre part. Cet acte diplomatique, plutôt que militaire, en satisfaisant l'amour-propre de la puissance qui avait fait jusque-là les plus grands sacrifices, trancha, de fait, le nœud de la première coalition, et fut ainsi, en réalité, utile à la République. La clause même qui interdisait à la garnison de servir avant un an contre les coalisés équivalait presque à une victoire. Elle permettait au gouvernement révolutionnaire d'employer cette troupe d'élite, qui était au moins, parmi les armées françaises du temps, ce que fut la vieille garde parmi celles de l'Empire, contre des ennemis intérieurs plus redoutables que la plupart des agresseurs étrangers. Des volontaires allaient bientôt suffire pour tenir tête aux Anglais et aux Autrichiens; il fallut les vétérans de Mayence pour triompher des Vendéens.

Il entrait dans les vues du Comité de salut public d'affecter la surprise et l'indignation en apprenant la perte de Mayence, et de laisser la

Convention ordonner, dans le premier moment, l'arrestation préventive des officiers de la garnison. Cette mesure excita une irritation facile à comprendre parmi ces braves, sur lesquels on semblait vouloir faire retomber la responsabilité de la capitulation conclue directement par les représentants Merlin et Rewbell. Kléber surtout fut vivement courroucé; il n'admettait pas qu'un gouvernement eût, sous aucun prétexte, le droit de se jouer ainsi de l'honneur et de la vie de ses défenseurs. D'ailleurs, le triste sort de Custine indiquait assez que les dictateurs révolutionnaires étaient capables de pousser la dissimulation jusqu'au meurtre, et de sacrifier sans scrupule ceux qu'ils auraïent intérêt à faire considérer comme coupables. Cette fois du moins, il fut fait prompte justice de ces odieux soupçons. Les représentants signataires de la capitulation, Rewbell et Merlin (de Thionville), avaient été mandés à Paris pour donner des explications officielles sur les événements de Mayence. Merlin s'élança à la tribune; il fit valoir, avec une émotion à laquelle s'associèrent bientôt la plupart de ses collègues et le public, la constance héroïque de ceux dont il pouvait à bon droit se dire le compagnon, ayant partagé depuis la première heure jusqu'à la dernière, leurs privations et leurs dangers. Des acclamations enthousiastes s'élevèrent quand il protesta avec énergie contre les lâches calomniateurs qui avaient guetté ces braves au seuil même de la patrie, et pour récompense civique prétendaient leur donner des fers. Le lendemain de cette scène théâtrale, concertée d'avance avec le Comité de salut public, Dubayet parut à la barre au nom des officiers de Mayence, et fut, à son tour, couvert d'applaudissements. Pourtant, cette réhabilitation n'avait pas suffi pour calmer l'indignation et la rancune de Kléber. Quand il reçut, séance tenante, la commission de général de brigade, son premier mouvement fut de refuser. « C'était alors, dit-il, un brevet pour marcher à l'échafaud ; où, ce qui était pis encore, pour gémir dans une prison, le glaive suspendu sur la tête. » Néanmoins il accepta, comprenant qu'il serait plus dangereux encore de paraître mécontent, et s'en alla à Tours prendre le commandement de l'avant-garde mayençaise qui se dirigeait vers la Vendée [1].

1. M. Louis Blanc, auquel il convient d'ignorer les

II

Les forces destinées à comprimer l'insurrection royaliste étaient alors malencontreusement réparties en deux commandements distincts. L'armée dite des côtes de Brest était sous les ordres de Canclaux, ancien noble, par conséquent suspect malgré ses talents et ses succès antérieurs. Celle des côtes de la Rochelle était commandée par Rossignol, un de ces généraux sans-culottes, selon le cœur du Comité de salut public. De pareils chefs ne pouvaient guère s'entendre, et l'arrivée des Mayençais devenait un nouveau sujet de dissentiment; chacun d'eux prétendait attirer à lui un tel renfort. Il y avait surtout, parmi les nouveaux venus, deux corps bien précieux par la grande habitude qu'ils

négociations secrètes du gouvernement révolutionnaire avec la Prusse, ne dit pas un mot de l'indignation feinte de ce gouvernement, en apprenant la chute de Mayence, et de l'arrestation des généraux. Il a préféré reproduire les accusations calomnieuses qui conduisirent Custine à l'échafaud.

avaient des difficultés spéciales d'une semblable guerre. C'étaient les tirailleurs connus sous le nom de *chasseurs de Cassel* et de *légion des Francs*.

Après bien des débats, dans lesquels les généraux et les représentants sans-culottes montrèrent autant d'entêtement que d'ignorance, il fut décidé à la majorité, dans un conseil tenu à Saumur le 2 septembre, que les Mayençais seraient attribués à l'armée de Canclaux, que par conséquent ils entreraient dans la Vendée par Nantes. Cette décision déplut fort au patriote Rossignol, commandant de l'autre armée; il prétendit qu'on voulait l'empêcher de terminer promptement la guerre[1]. Mais les chefs et les soldats mayençais furent très-satisfaits d'être réunis à une armée qui avait déjà fait ses preuves en diverses rencontres, notamment à la grande attaque de Nantes, tandis que l'armée des côtes de la Rochelle n'était encore

1. Ce même Rossignol avait l'habitude de boire dans les plus grands verres qu'il pouvait trouver, disant : « qu'il fallait de *grandes mesures* pour sauver la République. » Telle était la seule *capacité* qu'on lui reconnût; mais comme il fut déporté sous le premier Empire, les écrivains d'une certaine école lui ont découvert de grands talents.

connue que par ses déroutes. A partir de cette époque, les chefs de la ci-devant garnison de Mayence devinrent le point de mire de la malveillance et des délations incessantes de Rossignol, de Ronsin et autres patriotes de cette trempe, plus habiles et plus ardents à dénoncer qu'à se battre.

On avait également arrêté à Saumur un plan d'opérations combinées. Les armées de Canclaux et de Rossignol, réparties en diverses colonnes reliées entre elles de manière à pouvoir s'entr'aider au besoin, devaient pénétrer dans le pays insurgé sur plusieurs lignes convergentes. Le point central désigné pour la jonction était Mortagne, où l'on pensait accabler, d'un commun effort, les rassemblements vendéens refoulés de toutes parts. Ce plan ne fut suivi que du côté de Nantes.

Kléber, nommé général de brigade, arriva à Tours le 22 août; il y retrouva ses soldats, qui venaient d'être transportés en poste des bords du Rhin sur ceux de la Loire. Cette troupe d'élite avait conservé ses anciens chefs, et les représentants Rewbell et Merlin, qui avaient partagé ses périls dans Mayence, l'accompagnaient dans cette nouvelle campagne. Leur influence y neutralisa plus d'une fois l'effet malfaisant des intrigues terroristes.

Les Mayençais se dirigèrent sur Nantes par Saumur et Angers; l'avant-garde marchait sous les ordres de Kléber. Bientôt, sur la rive opposée du fleuve, ils virent se développer à l'horizon les sombres ondulations du pays insurgé, semblable à une forêt immense. Parvenu à Ancenis, Kléber y trouva l'ordre de faire un détour assez long pour éviter le feu meurtrier d'une batterie vendéenne établie en face d'Oudon. Il obéit, malgré les murmures de ses soldats, qui disaient « qu'ils avaient entendu bien d'autres musiques que celle-là, » que ce n'était pas la peine de se déranger pour si peu. Ils arrivèrent dans la matinée du 6 à Nantes, où leur présence excita autant de joie qu'on pouvait en ressentir à une pareille époque. La veille encore on s'était battu jusqu'aux portes de la ville; l'arrivée d'une troupe d'élite, aussi disciplinée qu'intrépide, semblait promettre au moins une sécurité relative. Le corps principal suivit de près; les événements qui venaient de se passer sur la rive gauche avaient fait accélérer sa marche. Les Mayençais, concentrés à Nantes, étaient à peine dix mille, mais la France n'avait pas à cette époque de troupes meilleures ni si bien commandées.

« Le lendemain, dit Kléber, fut un jour de fête où rien ne fut oublié. Canclaux fit développer l'armée en ordre de bataille dans une prairie (celle de Mauves), presque sur le bord de la Loire, pour que l'ennemi posté sur l'autre rive, pût être spectateur d'une scène qu'il devait regarder comme un présage de sa destruction prochaine. La troupe étant rentrée, Merlin proposa, comme promenade d'agrément, d'aller reconnaître un poste ennemi établi dans les environs de Saint-Sébastien. Il y fut accompagné par plusieurs représentants, officiers généraux et autres : ils y furent accueillis par un beau feu de file. Merlin met pied à terre, saute dans la canonnière établie pour défendre le passage de la Loire, et riposte par quelques coups de canon. Après ce *petit jeu militaire,* on se rendit au banquet préparé par la ville. »

Instruit de l'approche des Mayençais, le généralissime vendéen d'Elbée avait pris sagement l'offensive sur tous les points pour prévenir l'effet de cette jonction redoutable. Charette avait échoué du côté de Nantes, mais dans la haute Vendée, une des divisions destinées à coopérer au mouvement général concerté à Saumur fut attaquée et mise en déroute à Chantonnay. Ce fut dans cette malheureuse journée qu'un jeune adjudant général, du nom de Marceau, se fit particulièrement remarquer pour la première fois, non-seulement par son audace extraordinaire, mais par une qualité plus rare chez les Français, le sang-froid et la ténacité dans les revers.

Il manquerait quelque chose à la grande figure de Kléber, si nous ne placions pas auprès de lui le jeune héros qui fut son digne élève et son meilleur ami. A l'époque où ils se rencontrèrent sur le territoire vendéen, Marceau avait vingt-quatre ans à peine. Il datait de cette année 1769, qui a donné tant de grands hommes au monde. Déjà soldat à l'époque où commençait la Révolution, Marceau en avait embrassé la cause avec l'ardeur confiante et généreuse de la jeunesse. Tout en détestant les crimes commis en son nom, il avait juré de vaincre ou de mourir pour elle. La République qu'il voulait était celle dont parlait encore l'infortuné Desmoulins la veille de son supplice, « une République que le monde entier eût adorée ! » La physionomie de Marceau, si belle et si martiale, d'une régularité, d'une distinction antiques, était le miroir fidèle de son âme. Toute sa personne semblait réaliser l'idéal suprême de la force unie à la grâce. Sa destinée offrait une frappante analogie avec celle des généraux de Mayence ; le sort des armes l'avait condamné comme eux à chercher pour un temps, dans nos luttes intestines, l'emploi de ses éminentes facultés militaires.

Le 9 septembre 1793, conformément au plan de Saumur, l'armée des côtes de Brest pénétra dans la basse Vendée sur deux colonnes. Celle de gauche était composée en entier des troupes de Mayence, dont Kléber conduisait toujours l'avant-garde ; celle de droite était sous les ordres de Beysser, un ancien chirurgien de régiment, « vrai Roger Bontemps, » devenu tout à coup général sans que personne sût trop comment, pas même lui. Il avait, comme Kléber, une taille imposante, un organe sonore ; malheureusement la ressemblance s'arrêtait là.

Dans l'esquisse rapide que nous allons tracer des péripéties de cette campagne, nous suivrons pas à pas le journal de Kléber.

Malgré sa situation secondaire en apparence, Kléber conservait sur ses anciens compagnons d'armes la même autorité qu'à Mayence, et exerça tout d'abord une grande influence sur les dispositions du commandant en chef. Ses premières mesures en abordant le Bocage vendéen, font grand honneur à son tact militaire. C'est avec des précautions infinies, en s'éclairant à chaque pas, qu'il avance parmi ces cultures coupées de haies épaisses et perfides, ces ruisseaux profondément encaissés, ces ravines fangeuses qui usurpaient le nom de chemins. Mais Kléber se souvient que cette terre hostile est cependant une terre française; il est du petit nombre de ceux qui comprennent déjà les ménagements particuliers que réclame une semblable guerre. A chaque campement il prend autant de précautions pour éviter le maraudage que pour se garder d'une surprise. On en trouve la preuve à chaque page de son journal.

Après avoir enlevé, par une vigoureuse attaque, le poste de Port-Saint-Père défendu par la Cathelinière, l'avant-garde mayençaise se dirigeait sur Saint-Mars de Coutais. « Ce qui m'occasionna le plus de peine, dit Kléber, ce fut d'empêcher le soldat de se jeter dans les villages et dans les campagnes des environs pour se livrer au pillage, dont la troupe avait déjà pris le goût au Port-Saint-Père. » Il en vint à bout, en établissant beaucoup de postes commandés par des officiers, en faisant filer les bataillons l'un après l'autre, à mesure qu'ils passaient, dans des champs clos et aisés à surveiller. Trois jours après, entrant à Montaigu que l'avant-garde de l'autre colonne venait d'envahir, il trouve cette petite ville livrée au pillage. « J'allai, dit-il, trouver Beysser pour le supplier de faire battre la générale : il me le promit, et ce ne fut qu'au bout d'une heure que ses ordres furent exécutés. Affligé des excès que je voyais commettre, et qu'il n'était pas en mon pouvoir de réprimer, je chargeai un adjudant général de la conduite de la colonne que je devançai sur la route. » Ces témoignages non équivoques d'humanité ne sont pas moins honorables pour Kléber que ses victoires. Il est juste d'ajouter que la plupart des chefs mayençais, et même quelques représentants, comme Merlin et Cavaignac, partageaient pleinement sa manière de voir.

Malheureusement ces *hommes humains*, comme les appelaient ironiquement les sans-culottes énergiques, n'étaient pas partout, et ne commandaient pas à tout le monde. De plus, l'entrée des Mayençais en Vendée coïncidait fatalement avec les plus terribles injonctions du Comité de salut public. Dans son fameux rapport du 1er août, Barrère, le rhéteur emphatique du terrorisme, après avoir annoncé le transport accéléré de la ci-devant garnison de Mayence sur les rives de la Loire, évoquait complaisamment le souvenir de la dévastation du Palatinat au temps de Louis XIV. Suivant lui, ces mesures n'avaient été criminelles, que parce qu'elles s'accomplissaient par les ordres et au profit d'un despote. Il ajoutait « que la Vendée allait devenir le Palatinat de la République, » et semblait confier ainsi spécialement aux Mayençais l'exécution de cet arrêt de destruction. Telle fut l'origine d'un malentendu qui s'est longtemps prolongé dans l'histoire. Les Vendéens, et plus tard les écrivains royalistes ont imputé aux Mayençais, qui ne faisaient que combattre, toutes les violences commises immédiatement sur leurs traces par les milices indisciplinées auxquelles ils frayaient la route.

Le journal de Kléber fait pleinement justice de cette grave méprise ; il réhabilite les vrais généraux, les vrais soldats de la République. En parcourant les annales de cette guerre tristement mémorable, on éprouve du moins quelque consolation à reconnaître que des deux côtés, les plus habiles et les plus vaillants furent presque toujours les plus humains. Kléber, qui sait admirer le courage des Vendéens, sait aussi plaindre leurs malheurs. Dès les premières pages de son journal, nous trouvons l'expression de ce sentiment si rare alors, et si dangereux, la pitié. « Après avoir enlevé le poste important de Port-Saint-Père, l'avant-garde mayençaise se dirigeait sur Saint-Philbert. Après deux heures de marche par un pays très-couvert et très-coupé, nous entrâmes, dit Kléber, dans la vaste et fertile plaine de Sainte-Lumine, ayant à gauche le beau lac de Grand-Lieu, à droite une forêt qui n'était pas encore dépouillée de sa verdure. Devant nous s'offraient des paysages charmants, des échappées de vues aussi agréables que multipliées. Sur cette prairie immense, erraient au hasard de nombreux troupeaux, abandonnés à eux-mêmes. Je ne pus m'empêcher de gémir sur le sort des infortunés habitants de ce beau pays. » Dans un pareil instant, il fallait à un officier républicain une rare liberté d'esprit pour être sensible aux beautés d'un site vendéen ; une rare générosité d'âme pour s'apitoyer sur la destinée de ceux qui, dans ce moment même, s'armaient pour combattre les « bleus » avec l'énergie du désespoir.

Les premières opérations des Mayençais dans la basse Vendée avaient réussi, et l'armée des côtes de Brest, maîtresse de Machecoul, de Legé, de Montaigu, de Clisson, était en mesure d'arriver sur Mortagne à l'époque convenue. Mais déjà l'exécution du plan était irrévocablement compromise par les manœuvres décousues et la défaite successive des quatre divisions de Rossignol, qui laissèrent celles de Canclaux en l'air, exposées aux attaques combinées des meilleurs soldats et des plus habiles chefs de la Vendée. Aussi le 19 septembre, Kléber s'étant porté de Clisson sur Torfou avec l'avant-garde mayençaise, s'y heurta contre les forces réunies de Lescure, de Bonchamp et de Charette, et fut ramené vivement en arrière avec une perte considérable. Trompé par ses premiers succès contre les soldats de la basse Vendée, Kléber avait eu le tort de laisser un intervalle trop considérable entre ses troupes et le centre de la division [1] et de s'engager trop brusquement à fond dans l'attaque d'une position difficile, bien mieux défendue qu'il ne le supposait. Par l'énergie de son attitude, il répara en partie cette faute, la seule de ce genre qu'on ait à lui reprocher dans sa carrière militaire. Assez

1. Dans cette armée de Rossignol, les soldats étaient alors, sauf quelques exceptions, aussi mauvais que les généraux. On avait fait grand bruit de la levée en masse des départements voisins. On avait annoncé que *quatre cent mille* hommes se précipitaient sur la Vendée pour l'anéantir. Ces hyperboles étaient peut-être nécessaires dans ce moment de crise ; mais, en réalité, on n'avait pas réuni plus du quart de ce nombre, et la majeure partie s'enfuit sans combattre, tant les Vendéens inspiraient d'effroi aux hommes non encore aguerris. Il faut bien de l'aveuglement ou de la mauvaise foi pour ne pas reconnaître que la République aurait péri en 1793, si une partie des officiers et la presque totalité des soldats formés sous l'ancien régime, n'avaient pas pris parti pour elle.

grièvement atteint d'un coup de feu au commencement de l'action, il continua néanmoins à commander; à force d'habileté et de sang-froid, il empêcha la retraite précipitée de ses soldats de dégénérer en une déroute complète. Il perdit néanmoins son artillerie, et le désastre aurait été encore plus grand sans l'héroïque défense du pont de Boussay, par le chef de bataillon Chevardin. « Tu pourras être tué, lui avait dit Kléber, mais tu sauveras tes camarades. » Il succomba en effet, mais il avait conservé à ses frères d'armes, débordés et presque accablés, leur unique ligne de retraite. Kléber et ses compagnons apprirent ce jour là à faire la différence des habits gris, uniforme des soldats de Charrette, avec les habits bleus des tirailleurs intrépides de la Haute-Vendée.

L'échec de Torfou, et un revers beaucoup plus sérieux éprouvé le lendemain par la division Beysser, nécessitèrent la retraite des Mayençais sur Nantes. Pendant ce mouvement, ils furent vigoureusement chargés, à diverses reprises, par une partie de l'armée vendéenne. Kléber avoue franchement que Dubayet et lui eurent beaucoup de peine à repousser cette attaque. Elle aurait pu leur être fatale, si d'Elbée et Bonchamp, qui la dirigeaient, avaient été secondés par les autres chefs.

Le 24 septembre, Kléber et ses compagnons se retrouvèrent exactement au même point d'où ils étaient partis. A cette occasion, Canclaux et les généraux de Mayence, qui n'avaient rétrogradé que par suite des fautes commises sur les autres points, furent gravement inculpés dans les rapports « dégoûtants de mensonges » de Rossignol et du fameux Ronsin, son chef d'état-major, le même qui, dans la déroute récente de Coron, criait *en s'en allant :* « Voilà le moment de vaincre ou de mourir[1] ! » Leurs calomnies furent énergiquement appuyées par les représentants Richard et Choudieu, tous deux fougueux montagnards. Ils écrivirent au Comité de salut public que ces derniers revers devaient

1. Cette conduite caractéristique du plus infatigable délateur des chefs mayençais est attestée par un rapport officiel du fameux Santerre, le brasseur du faubourg Saint-Antoine, qui commandait à Coron, où il fit preuve de courage, sinon de capacité militaire. M. Louis Blanc, grand admirateur de Ronsin, a découvert, par une intuition spéciale, que ce général montra une bravoure extraordinaire dans cette bataille. S'il la montra, on ne la vit guère.

être uniquement imputés au plan vicieux qu'on avait adopté, en faisant faire aux Mayençais un détour de plus de *cent lieues ;* que ce plan avait été adopté parce que les ci-devant nobles et les officiers de l'ancien régime qui se trouvaient dans l'armée de Mayence ne pouvaient supporter l'idée d'être commandés par un Rossignol ou par un Santerre, etc.

Il faut encore savoir quelque gré au Comité de salut public de n'avoir pas absolument cédé à ces insinuations venimeuses. Il comprit bien que l'unité de commandement était indispensable pour vaincre l'insurrection, et réunit en une seule armée, dite de l'Ouest, tous les corps destinés à agir en Vendée. Mais il eut en même temps la malencontreuse idée de déférer le commandement en chef à un nommé Léchelle, ancien maître d'armes, dans lequel le ministre de la guerre (Bouchotte) avait cru discerner de rares aptitudes militaires.

Cependant Dubayet et Kléber, renforcés de l'arrière-garde mayençaise, avaient décidé Canclaux à se reporter immédiatement en avant. Le 6 octobre, Kléber prit à Treize-Septiers une revanche chaudement disputée de son échec de Torfou. Son rapport sur cette journée, où il arracha la victoire à un ennemi intrépide et supérieur en force, mérite d'être cité en entier; on sent d'un bout à l'autre de cette belle page d'histoire militaire, l'inspiration des *Commentaires de César*, l'une des lectures favorites de Kléber. On y trouve aussi un témoignage non équivoque, bien qu'involontaire en quelque sorte, de son influence prépondérante dans la conduite des opérations.

« A la suite d'une délibération entre le représentant Merlin, les généraux Canclaux, Aubert-Dubayet et moi, je *reçus ordre* de me mettre avec toute mon avant-garde pour me porter sur Tiffanges. Je montai donc à cheval à onze heures précises, et donnai les ordres les plus positifs pour partir à minuit. Avant mon départ, je distribuai mes troupes en trois colonnes; le représentant Merlin et le général en chef nous suivaient avec la réserve... Des défilés que j'eus à traverser, firent que je n'arrivai qu'au point du jour à la hauteur du village de Treize-Septiers. C'est là qu'un feu de file supérieurement exécuté, me confirma la vérité des rapports et la présence de l'ennemi. J'ordonnai alors à la première colonne de prendre un emplacement convenable pour se mettre en bataille, et d'attendre là quelques moments pour donner aux autres le temps d'arriver. Je profitai de cet intervalle pour faire passer dans toutes les âmes le feu qui dévorait la mienne. Jaloux de réparer ce qu'on avait appelé un *échec*, de regagner ce que j'avais perdu dans l'estime de ceux qui considéraient ainsi mon affaire de Torfou, j'étais, comme tout mon état-major, décidé à rester sur le champ de bataille ou à ne le quitter que victorieux. Quelques soldats s'écrièrent : « Mais, général, nous n'avons pas de canons... — Non, répondis-je vivement, mais nous allons chercher ensemble ceux que nous fûmes contraints d'abandonner à Torfou. » Un bravo général servit de réponse ; aux dispositions que je remarquai dans les troupes, je vis qu'elles allaient se couvrir de gloire... Nous rencontrâmes bientôt l'ennemi ; caché dans les haies, il fit de tous côtés un feu épouvantable qui ne fit qu'enflammer l'ardeur de nos soldats. La colonne de droite, culbutant l'ennemi pour gagner une hauteur avantageuse, empêcha plusieurs fois, par ses savantes manœuvres et son énergie, les rebelles de nous couper. Toutes nos troupes enfin, lasses d'un combat qui durait depuis plus de deux heures, chargèrent la baïonnette en avant, avec cette intrépidité et cette audace qui caractérisent le républicain, et procurent toujours la victoire.

« Ainsi attaque partielle, attaque générale, de front, par les flancs, tout a été employé à propos et sans relâche. Les combattants étaient tellement mêlés, que l'on ne pouvait de part et d'autre faire usage du canon... C'est l'armée de d'Elbée et de Bonchamp que nous avons battue, cette armée qu'on annonçait être toujours précédée de la victoire ! tant il est vrai que rien n'est impossible à l'homme qui veut sincèrement ce qu'il veut. Nous avions juré de ne revenir que victorieux, nous n'avons pas faussé notre parole. »

On voit par ce rapport que Kléber, tout en supportant impatiemment le reproche de témérité qui lui avait été adressé, non sans fondement, au sujet de l'affaire de Torfou, avait pris cette fois toutes ses précautions pour ne pas retomber dans la même faute. Il ne voulut même pas continuer la poursuite jusqu'à Tiffanges avec toute son avant-garde victorieuse. Il se contenta d'envoyer dans cette direction une forte reconnaissance, et se replia sur le corps principal, dont il aurait pu être séparé par un retour offensif de l'ennemi. Cette circonspection d'un guerrier tel que Kléber, après une victoire, contraste étrangement avec les vanteries ridicules des généraux sans-culottes, qui, à propos de rencontres moins importantes, s'empressaient d'annoncer que c'en était fait de la Vendée, que « six lieues de circonférence étaient couvertes de morts, etc. »

La fin de cette glorieuse journée fut marquée par un incident qui affecta vivement Kléber et ses dignes compagnons. Les dénonciations réitérées des représentants montagnards n'avaient pas été tout à fait inutiles; Canclaux et Dubayet, qui n'avaient pas quitté Kléber pendant le combat, tout en lui laissant l'initiative des dispositions stratégiques, reçurent leur destitution sur le champ de bataille. Leur unique tort était d'être nobles, et en cette qualité suspects, ou, comme on disait alors, « suspectés d'être suspects. » Il nous faut à la tête des armées des gens *plus recommandables par leur naissance*, écrivait un de ces patriotes délateurs.

Malgré la résistance de Kléber, le commandement lui fut provisoirement déféré. Malheureusement ce ne fut pas pour longtemps, car le nouveau général en chef arriva dès le lendemain au quartier général, établi à Montaigu. Il était accompagné d'un certain Robert, son chef d'état-major, dont l'avancement rappelle, par sa promptitude étrange, celui du cardinal Dubois, lequel se fit, comme on sait, conférer coup sur coup tous les ordres dans une messe basse. Ce Robert avait été nommé général de brigade le 30 septembre 1793, et général divisionnaire six jours après! Avec ces deux foudres de guerre parut un nouveau représentant de sinistre figure. C'était Carrier, qui allait bientôt conquérir, par ses noyades de Nantes, une effroyable célébrité.

Le détail du premier conseil de guerre est caractéristique. Kléber remit l'état de situation; puis, sur l'invitation de Merlin, il expliqua succinctement, d'après la carte, ce qui avait été fait et ce qui restait à faire, pour frapper d'ensemble des coups décisifs. Léchelle écouta tout sans faire aucune observation, sans regarder seulement la carte; puis, se levant tout à coup, il se borna à dire : « Oui, ce projet est fort de mon goût, mais c'est sur le terrain qu'il s'agit de se montrer. Il faut marcher en ordre, majestueusement et en masse. » A ces mots, Kléber replie froidement sa carte. Merlin dit à demi-voix et en se retournant : « je crois qu'on a pris à tâche de nous envoyer ce qu'il y a de plus ignorant; » et chacun se retire, ne sachant pas, ou plutôt sachant trop bien que penser de l'homme qui vient commander en chef. Sa nullité apparaissait avec un tel éclat, que les représentants chargèrent exclusivement Kléber de diriger les opérations, sauf à rendre compte avec les égards d'usage, au commandant en chef nominal. A partir de ce moment, les événements prirent une allure plus rapide, malgré la résistance désespérée des Vendéens. Du côté de Saumur, le vieux Chalbos, successeur de Rossignol, ayant concentré ses divisions, débusqua les royalistes des hauteurs du Moulin aux Chèvres. Il fut battu, il est vrai, le lendemain à Châtillon, mais cet avantage fut nul pour les chefs vendéens, obligés de se retourner immédiatement contre des adversaires plus redoutables; et les républicains, promptement ralliés, poursuivirent leur mouvement. Pendant ce temps, Mortagne, ville qui depuis le début de l'insurrection n'avait vu, en fait de *bleus*, que des prisonniers de guerre, était occupée sans coup férir par Kléber. Chollet, capitale des Vendéens, était menacé à son tour, mais sa possession devait coûter cher aux républicains. Ils n'y entrèrent qu'après deux combats livrés en même temps et à peu de distance l'un de l'autre, à Saint-Christophe et à la Tremblaye.

Ce dernier engagement surtout fut terrible, et donna lieu à d'étranges péripéties. Il eut lieu entre les soldats de Lescure, qui comptaient à bon droit comme les meilleurs de la Vendée, et les républicains qui arrivaient de Luçon par les Herbiers, dans la direction de Chollet. Par un hasard singulier, les premiers coups de feu tirés de part et d'autre mirent les deux chefs hors de combat. Marceau, en sa qualité d'adjudant général, prit aussitôt le commandement. Vigoureusement attaqué en tête et en flanc, il eut d'abord besoin de toute son énergie pour se maintenir. Mais, à la fin de la journée, il obtint un avantage marqué, grâce à un renfort des soldats de Mayence, et à la confusion causée parmi les Vendéens par la blessure mortelle de leur chef[1].

A la suite de ce combat, Marceau fit sa jonction avec les Mayençais sur les hauteurs qui précèdent Chollet de ce côté. Sa première pensée fut de courir à Kléber, qu'il ne connaissait encore que de réputation. Il le trouva à son bivac, établi dans un champ au bord de la route, et fut d'abord assez mal reçu. Kléber, qui craignait une attaque nocturne, le renvoya brusquement à son poste. Mais le lendemain il lui fit l'accueil le plus cordial, et de cette entrevue date l'étroite et constante amitié de ces deux guerriers, qui devaient, en peu de temps, conquérir tant de gloire.

Le lendemain matin, la ville fut occupée presque sans combat, l'armée vendéenne s'étant repliée sur Beaupréau. On disait déjà qu'elle se préparait à forcer le passage de la

1. Lescure, que les républicains croyaient mort, fut transporté de l'autre côté de la Loire, et ne succomba que deux mois après. La Vendée perdit en lui un de ses chefs les plus vertueux et les plus intrépides.

Loire, pour transporter la guerre en Bretagne. Suivant son habitude, Kléber usa des précautions les plus sévères pour maintenir la discipline et fit prendre position à ses troupes au delà de Chollet. Par suite de la jonction de celles de Saumur, qui eut lieu dans la nuit, l'armée républicaine de l'Ouest, forte d'environ 22,000 hommes, dont 10,000 d'élite, se trouva concentrée autour de la capitale du pays insurgé.

L'instant décisif approchait. Dans un conseil tenu le 17 au matin, Kléber proposa de marcher sur-le-champ en trois colonnes sur Gesté, Beaupréau et Jallais. Ce plan conservait à l'armée l'avantage de l'offensive; il prenait l'ennemi en flagrant délit, dans toutes les entreprises possibles d'évasion ou de concentration. Marceau, tous les chefs de Mayence, et Merlin de Thionville, le seul des représentants qui entendît quelque chose à la guerre, étaient de l'avis de Kléber, mais les autres représentants et Léchelle préférèrent marcher « en masse » le lendemain sur Beaupréau. « Cette manœuvre, observa ironiquement Kléber, a cela d'avantageux, que, pour la concevoir et l'exécuter, il ne faut pas se mettre l'esprit à la torture. »

Il connaissait bien les hommes qu'il avait à combattre, et s'attendait à leur voir faire, dans cette extrémité, ce qu'il aurait fait à leur place. Ses prévisions ne furent point trompées ; ce jour même, d'Elbée, Bonchamp, La Rochejacquelein et Stofflet, ayant concentré la plus grande partie de leurs forces, assaillirent avec une énergie terrible l'armée républicaine en avant de Chollet. C'est encore le journal de Kléber qui va nous fournir le tableau le plus vrai de cette journée tristement mémorable.

« Pendant que l'on discutait, un détachement de l'armée rebelle passait la Loire à Saint-Florent, et quarante mille hommes [1], commandés par d'Elbée et Bonchamp, marchaient sur Chollet, où on croyait sans doute surprendre nos troupes occupées à boire et à piller. Heureusement nous étions sur nos gardes, car le pays était si coupé sur toute l'étendue de nos posi-

1. Ce chiffre donné par Kléber est conforme aux évaluations des écrivains royalistes. Mais ils se trompent du double, en portant le chiffre de leurs adversaires à quarante-cinq mille, et encore on va voir qu'il n'y avait guère lieu de compter sur les troupes venant de Saumur.

tions, qu'on pouvait à peine voir à une portée de pistolet devant soi.

« Vers deux heures après-midi, j'appris que l'avant-garde était attaquée et que les avant-postes se repliaient avec précipitation. Aussitôt je fais battre la générale en ville et au camp, et je me porte à la gauche du corps de bataille, comme à la partie la plus faible et la plus facile à tourner. J'y trouve Haxo, Sainte-Suzanne, Jordy, ayant l'œil à tout.

« Beaupuy (commandant de l'avant-garde) demande du secours; déjà deux bataillons de ma droite se mettaient en marche, je m'y oppose, ne présumant point que l'ennemi se bornât à attaquer sur un seul point. J'envoyai cependant l'adjudant général Damas chercher au delà de la rivière une des divisions de Chalbos pour renforcer Beaupuy. Mais tout à coup la canonnade et la fusillade redoublent : l'avant-garde est forcée de se replier et l'ennemi la poursuit. »

Ici, le rapport spécial du commandant de l'avant-garde montre plus en détail combien le moment fut critique. Les soldats de Beaupuy étaient postés en avant du bois de Chollet, dans la lande de la Papinière, espace relativement plus ouvert que tout le reste du champ de bataille. L'attaque des Vendéens fut l'effort le plus énergique qu'ils eussent jamais fait. Il n'y avait peut-être pas *à cette époque* (octobre 1793) dans les armées qu'improvisait la République d'autres hommes que les soldats de Mayence, capables de résister à l'élan désespéré de ces autres Français, se battant pour leurs autels, pour leurs foyers, pour la liberté, telle qu'ils pouvaient la comprendre selon les idées d'un autre âge. Pour la première et la dernière fois, au lieu de s'*égailler*, ils marchèrent en colonne serrée, « à découvert et avec la plus grande intrépidité. Cette vue était faite pour étonner », ajoute Beaupuy, qui pourtant n'était pas facile à émouvoir en pareille circonstance. Sa situation devint bientôt critique. Des tourbillons d'épaisse fumée, provenant de l'incendie des genêts, flottaient sur la lande, et mettaient obstacle à l'emploi de l'artillerie. On n'apercevait l'ennemi que par intervalles, et chaque fois de plus près. En avant et sur les flancs de cette masse sombre, se détachaient les écharpes et les panaches blancs des chefs les plus renommés de la Vendée, d'Elbée, Bonchamp, La Rochejacquelein, Stofflet, Marigny et bien d'autres. Une charge de cavaliers, conduite par Beaupuy en personne, fut vigoureusement repoussée par cette élite vendéenne : le général républicain eut deux chevaux tués sous lui coup sur coup, et faillit être fait prisonnier à sa seconde chute. Il entendit distinctement l'un des chefs de l'autre parti (La Rochejacquelein) crier aux siens : « Prenez-le, c'est le général ; ne le tuez pas ! »

C'était le moment critique de la bataille. L'avant-garde entière avait cédé le terrain ; les Vendéens, poursuivant leur succès, avaient envahi en partie le bois de Chollet. S'ils avaient pu s'y établir solidement, séparer le centre des Mayençais de leur gauche, et percer jusqu'aux troupes de Saumur, fatiguées d'une longue marche et déjà démoralisées, c'en était fait de l'armée républicaine.

Suivons le récit de Kléber, nous ne saurions trouver un guide meilleur.

« Je vole à la tête des bataillons de la gauche avec Haxo : je parle aux soldats, et partout j'ai la satisfaction de les ranimer. On s'avance, mais l'ennemi s'était emparé du bois, et nous faisait craindre pour notre gauche.

« Je rallie un bataillon qui s'était replié, et le reconduis au poste qu'il avait abandonné (dans le bois). En même temps, je fais avancer quelques bataillons de la réserve de gauche pour le soutenir. De ce nombre se trouve celui du cent neuvième régiment, la musique en tête. Sa démarche altière exalte l'âme des plus découragés, chacun s'empresse d'imiter son exemple, mais l'ennemi n'ose l'attendre. Aussitôt l'avant-garde se rallie aux cris de son brave général, qui, profitant du désordre momentané des rebelles, les charge et les poursuit.

« Le centre et la droite étaient également attaqués par deux autres colonnes. Vimeux commandait la droite, sa position était bonne; le centre, formé de la colonne de Luçon aux ordres de Marceau, était parfaitement couvert, et ce jeune et brave guerrier avait déjà fait voir la veille (au combat de la Tremblaye) ce qu'il valait et ce qu'il pouvait faire.

« Pendant que ceci se passait et que le combat était encore douteux sur la gauche, arrive la tête de la division de Muller, composée d'environ quatre mille hommes. Quel renfort dans ce moment critique! Elle s'avance, mais avant d'avoir gagné les hauteurs, saisie d'une panique soudaine, elle fait volte-face, se précipite en désordre dans Chollet et y porte la terreur. Les soldats se pressent, jettent leurs armes, se renversent[1]. C'est ainsi que, sans avoir vu l'ennemi, ils laissent toute la gloire de cette journée à l'armée de Mayence, et à la colonne de Luçon.

« Tout à coup la canonnade redouble au centre; je m'y transporte avec Damas. Les rebelles, ralliés sur ce point, revenaient à la charge. Marceau les voit, et sans s'émouvoir, il fait avancer son artillerie qu'il a soin de masquer. La *horde fanatique* n'est plus qu'à une demi-portée de fusil, ne se doutant point du stratagème : à l'instant la mitraille renverse des files entière. Les rebelles étonnés s'arrêtent, s'ébranlent; Marceau les poursuit à son tour, je me réunis à lui avec cinq bataillons que j'éta-

1. C'était le renfort de troupes de Saumur que Damas avait été chercher pour l'avant-garde mayençaise au début de l'action. Cette même division ne fit pas meilleure figure dans la campagne au delà de la Loire.

blis en échelons, pour favoriser notre retraite en cas d'événement.

« Cependant il faisait nuit; on était sans vivres et loin de Chollet, sur la route de Chemillé, tandis qu'on devait marcher le lendemain sur Beaupréau. Je fis battre la générale et donnai l'ordre de rentrer au camp. La colonne de gauche, se trouvant dans sa poursuite sur la route de Beaupréau, s'y rendit dans la nuit même et s'empara de ce poste [1].

« Ainsi se termina cette sanglante et mémorable journée. Le combat avait duré quatre heures. D'Elbée et Bonchamp furent grièvement blessés : jamais ils n'ont donné un combat si opiniâtre, si bien ordonné, mais qui leur fût

1. Beaupuy, Haxo, Westermann, qui dirigeaient la poursuite de ce côté, prirent l'initiative de ce mouvement hardi. En ce moment, il était dix heures du soir; la colonne était à moitié chemin entre les deux villes. Quand Beaupuy donna l'ordre de marcher en avant, quelques hommes dirent : « Nous n'avons plus de cartouches! — N'avez-vous pas des baïonnettes? répondit Beaupuy. » Et l'on s'ébranla de nouveau aux cris de *vive la République!* Les Vendéens, dont les meilleurs chefs étaient morts ou mourants, et qui ne songeaient plus qu'à franchir la Loire, abandonnèrent sans résistance ce poste pourtant facile à défendre.

en même temps si funeste. Les rebelles combattaient comme des tigres, et nos soldats comme des lions.

« Le lendemain, à huit heures du matin, l'armée se mit en marche sur Beaupréau... Nous rencontrâmes en route plus de quatre mille prisonniers. Rien de plus attendrissant que de voir ces tristes victimes, pâles et défigurées, nous crier de loin et d'une voix presque éteinte, *vive la République et Bonchamp!* Nous apprîmes qu'ils avaient été épargnés à la prière de Bonchamp, qui, expirant à la suite de ses blessures, avait demandé et obtenu leur grâce; que l'armée rebelle, forte de près de cent mille individus, y compris quantité de femmes, d'enfants et de prêtres, passait la Loire depuis deux jours, et qu'il y avait encore beaucoup de monde dans les îles. »

Il est curieux de comparer cette relation si lucide, où revivent toutes les péripéties de l'action avec les rapports des représentants et du « général sans-culotte commandant en chef », que personne n'avait vu pendant la bataille, attendu qu'il s'était tenu constamment hors de la portée du canon. C'était pourtant à ces élucubrations *dégoûtantes de mensonges*, comme disait Kléber, que le Comité de salut public s'attachait à donner la publicité la plus grande, parce qu'elles étaient plus conformes à son système de terreur. Ainsi, la bataille de Chollet fut connue à Paris par le rapport des représentants Bourbotte, Choudieu et consorts, lu à la Convention. On vient de voir que la ville avait été occupée sans combat; que la journée du lendemain avait été essentiellement défensive du côté des républicains, vigoureusement assaillis à diverses reprises dans leurs positions en avant de Chollet. Cette forme de combat n'avait pas convenu aux représentants; ils avaient en conséquence arrangé une bataille dans laquelle tous les honneurs de l'offensive étaient pour les républicains, qui *faisaient mordre la poussière* à d'innombrables rebelles défendant l'accès de la ville. « Une solitude profonde, disaient-ils, règne actuellement dans le pays qu'occupaient les rebelles. On ferait beaucoup de chemin dans ces contrées avant de rencontrer un homme et une chaumière; nous n'avons laissé derrière nous que des cendres et des monceaux de cadavres, etc. »

Ces hyperboles, aussi odieuses que ridicules, font bien ressortir l'héroïque et mâle simplicité du récit de Kléber. Sauf quelques violences de langage, concession inévitable aux passions du temps, Kléber fait preuve dans ses appréciations d'une impartialité rare de tout temps chez les généraux vainqueurs, et particulièrement en France. Il n'hésite pas à rendre justice aux talents, au courage, à la vertu même de ses adversaires, comprenant bien qu'en les amoindrissant, il risquerait de s'amoindrir lui-même.

Bien qu'il n'y ait pas eu en tout plus d'une cinquantaine de mille hommes engagés dans cette journée de Chollet, elle compte à bon droit parmi les plus mémorables de la Révolution, car l'importance historique d'une bataille ne se mesure pas au nombre, mais à la qualité des combattants, et à la gravité des résultats. A Chollet les assaillants, fort supérieurs en nombre, électrisés et bien conduits, avaient fait d'abord de grands progrès; l'avantage repassa ensuite graduellement du côté des républicains, grâce à l'énergie et au sang-froid de Kléber, à la judicieuse répartition de ses renforts. Enfin ce fut Marceau qui frappa le coup décisif sur la dernière colonne vendéenne, par l'habile disposition de sa batterie masquée, qui couvrit les assaillants de mitraille à demi-portée de fusil. Cette terrible décharge tourna en confusion et en déroute l'élan desespéré des Vendéens, parce qu'elle abattit à la fois Bonchamp et d'Elbée, deux chefs comparables à leurs plus redoutables adversaires, pour les talents comme pour l'intrépidité. La blessure de d'Elbée, quoique grave, n'était pas mortelle. Transporté à Noirmoutiers dont Charette venait de s'emparer, il tomba deux mois après dans les mains des républicains quand ils reprirent cette île. On le fusilla dans un fauteuil, car ses blessures, non encore cicatrisées, ne lui laissaient pas la force de se tenir debout ! Bonchamp, plus heureux, ne survécut que deux jours à la conquête de la Vendée, et illustra ses derniers moments par le salut des prisonniers de Saint-Florent, acte véritablement sublime dans de telles circonstances. Naguère, s'armant pour une cause dont il n'espéra jamais le succès, quoique décidé à mourir pour elle, Bonchamp avait dit « qu'il n'attendait pas même de gloire, car les guerres civiles n'en donnent point. » Il lui était réservé à lui-même de démentir, par un acte exceptionnellement héroïque, cette parole si belle et si profonde. A cet exemple de générosité, les noyades de Nantes répondirent!

L'armée républicaine avait victorieusement repoussé l'effort suprême des Vendéens pour délivrer leur pays : mais, épuisée par cette lutte, elle n'était plus en mesure de les empêcher de franchir la Loire. « Merlin et ses collègues, dit Kléber, écrivirent à Paris : « Vive la République! la guerre de Vendée est finie. » Hélas! elle n'avait fait que changer de théâtre! »

III

On s'aperçut bien vite que l'armée vendéenne, « pareille à un sanglier blessé, » pouvait être encore redoutable. Elle avait, il est vrai, deux puissants auxiliaires : l'ineptie du général en chef républicain, et l'immixtion des représentants dans la conduite des opérations. Ainsi, dans le conseil de guerre tenu à Beaupréau, alors que personne ne doutait plus que les Vendéens n'eussent franchi la Loire, on parlait de se porter « majestueusement et en masse » sur Saint-Florent, comme si l'on eût voulu faire passer l'armée à la nage. Kléber eut quelque peine à faire comprendre qu'en pareil cas la ligne directe serait la plus longue; qu'apparemment l'ennemi n'aurait pas laissé derrière lui d'embarcations pour aider à le poursuivre, que le seul parti à prendre était de pousser de ce côté l'avant-garde, avec ordre de remonter jusqu'aux Ponts-de-Cé pour couvrir Angers dans l'hypothèse vraisemblable qu'on ne trouverait plus de moyens de passage directs, tandis que le corps principal, dirigé par Kléber, redescendrait au contraire jusqu'à Nantes. Ce plan d'opérations était le seul qui permît de se mettre promptement en mesure, soit de prévenir une tentative désespérée des Vendéens sur Nantes ou Angers, soit de réunir promptement l'armée sur leurs traces, s'il n'y avait plus qu'à les poursuivre. La proposition de Kléber était la seule vraiment militaire et praticable, et tout le monde finit par s'y rallier. Mais à peine arrivés à Angers et à Nantes, les troupes reçurent l'ordre formel de se remettre en marche sans désemparer, et de poursuivre les brigands « sans relâche et sans les perdre de vue; » c'était là toute la tactique du général en chef et des représentants.

La cavalerie de l'avant-garde, qui atteignit les Vendéens entre Château-Gontier et Laval, était commandée par Westermann, le Murat de la République. Ce général, toujours pressé d'agir et de faire parler de lui, attaqua de suite, sans tenir compte de l'état d'épuisement du soldat, et fit repousser avec perte l'avant-garde entière sur Château-Gontier, où l'armée arriva le lendemain.

Kléber s'informa aussitôt si l'on s'était occupé des dispositions nécessaires pour ravitailler les troupes exténuées par plusieurs marches forcées à la suite d'une bataille. Personne ne s'était abaissé à ces détails. Les soldats venaient de faire huit lieues sans vivres et la plupart sans souliers; la majorité des représentants et Léchelle décidèrent en conséquence qu'on ferait immédiatement trois lieues de plus pour aller prendre position sur la route de Laval, que l'on voulait attaquer dès le lendemain. Dans un nouveau conseil, tenu le soir même en l'absence du général en chef, qui dormait sur ses lauriers et qu'on n'osait réveiller, Kléber et tous ceux qui connaissaient la guerre et les localités insistèrent fortement sur la nécessité d'opérer à la fois par les deux rives de la Mayenne, et de différer l'attaque d'un jour au moins, pour donner à la troupe le temps de se reposer, et faire toutes les dispositions préliminaires. Léchelle, auquel on communiqua ce projet à son réveil, avait d'abord paru l'approuver; mais, se ravisant tout à coup, il envoie l'ordre habituel à Kléber, celui de faire marcher de suite l'armée entière « majestueusement et en masse, » tout droit devant elle contre le front de l'ennemi. « Ainsi, dit Kléber, 20,000 hommes filaient sur une colonne pour attaquer un poste accessible par plusieurs grandes routes, sans faire aucune fausse attaque, aucune diversion. Et il fallait obéir! »

« Le canon se fait entendre; Marceau [1], qui accompagnait Beaupuy (à l'avant-garde), vient me dire que toute l'armée ennemie était en bataille sur la hauteur d'Entrames. Je fais avancer une division; je fais déployer mes bataillons à droite et à gauche de la route... je dispose tout pour soutenir l'avant-garde, qui en est déjà aux mains. Léchelle, suivant son habitude, ne pa-

1. Il faisait en ce moment les fonctions de chef d'état-major général.

raît pas au feu ; il arrête même sur la route la seconde division sans la déployer, tandis que, par la manœuvre la plus simple, il eût pu aisément déborder la gauche de l'ennemi et le prendre en flanc. Bientôt la déroute se met, non dans ma division qui se battait, mais dans celle qui ne se battait pas; Léchelle, le lâche Léchelle, donne lui-même l'exemple de la fuite... Le soldat, qui a toujours *un œil sur le dos*, s'apercevant que la seconde division est en fuite, s'ébranle aussitôt pour la suivre. Cris, exhortations, menaces sont vainement employés; le désordre est à son comble ; et, pour la première fois, je vois fuir les soldats de Mayence ! L'ennemi nous poursuit ; il s'empare successivement de nos pièces, qu'il dirige contre nous. La perte des hommes devient considérable. »

Toute l'armée républicaine, mise en pleine déroute, fut chassée par delà Château-Gontier. Cette journée lui coûta plus de 1,000 hommes d'élite, et parmi eux plusieurs des plus vaillants officiers de l'armée, notamment Bloss, l'un des héros de Mayence et de Chollet, qui venait d'être nommé général de brigade. Déjà atteint d'un coup de feu en défendant le dernier.

« comme un autre Horatius Coclès, » dit Kléber, le pont de Château-Gontier pour retarder la poursuite, il se rejeta de nouveau, par un mouvement de désespoir héroïque, parmi les tirailleurs vendéens, s'écriant qu'il n'était pas permis de survivre à la honte d'une pareille journée.

Cependant Kléber parvint à arrêter une partie de ses soldats sur la route d'Angers. « Je voulus, dit-il, leur faire quelques reproches ; mais quand je me vis au milieu de ces braves gens, qui jusque-là n'avaient connu que des victoires, quand je les vis se presser autour de moi, dévorés de douleur et de honte, les sanglots étouffèrent ma voix. » Les représentants voulaient le nommer d'emblée commandant en chef. « Tu ne peux refuser, lui disaient-ils, toi seul peux relever le courage du soldat. — Je relèverai son courage sans commander en chef, répondit Kléber, qui avait sur ce point des idées bien arrêtées. Je le ferai obéir à quiconque vous mettrez à notre tête, à Léchelle même, s'il veut ne plus fuir. » Mais les représentants comprenaient bien qu'il était impossible de conserver Léchelle, pris par l'armée entière en flagrant délit de lâcheté. On le décida à demander son congé pour cause de santé. Ce n'est pas un des incidents les moins caractéristiques de ce temps-là, de voir employer de tels ménagements avec un pareil homme, tandis qu'on sacrifiait ouvertement, sous les plus futiles prétextes, de véritables généraux. D'après l'avis de Kléber, et conformément aux règles de la hiérarchie militaire, le commandement en chef intérimaire fut conféré nominalement au plus ancien divisionnaire (Chalbos), qui comptait quarante ans de services. « Sitôt que Léchelle eut connaissance de cet arrêté, dit Kléber, il commença à tousser violemment. Il dîna néanmoins le même jour avec nous, et là, il eut l'absurde impudeur de vouloir donner à entendre que cette défaite n'était due qu'à *l'or de Pitt ;* « mais, ajouta-t-il, je découvrirai le complot, et malheur aux traîtres!... » Je voulus parler, on me poussa. Mais, chacun ayant le sourire de mépris sur les lèvres, que me restait-il à dire? »

Aussi méchant que poltron, Léchelle avait déjà dénoncé les principaux généraux de Mayence à Paris, et ses calomnies avaient produit une certaine impression, car, quelques jours après, le représentant Turreau montra mystérieusement à Kléber une lettre du Comité de salut public, avertissant les représentants de surveiller soigneusement Kléber, Haxo et plusieurs autres, soupçonnés de royalisme, et « de les mettre au besoin hors d'état de nuire. » Heureusement on avait trop besoin de Kléber pour le sacrifier, et l'arrêt plusieurs fois prononcé de sa destitution demeura toujours en suspens.

On vient de voir que les explications données par Kléber sur l'affaire d'Entrames, furent confirmées par le témoignage des représentants qui avaient assisté à la bataille, et dont aucun, sauf Merlin, n'est suspect de partialité pour les généraux de Mayence. Leurs actes prouvent à quel point ils étaient révoltés de la conduite de Léchelle, si sans-culotte qu'il fût, puisqu'ils prirent immédiatement un arrêté qui équivalait à sa destitution, arrêté que ratifia d'urgence le Comité de salut public. Pendant soixante ans et plus, cette version a été adoptée sans réserve par les historiens, notamment par MM. Thiers et Michelet. Mais un nouveau venu a changé tout cela, et prétend défendre Léchelle, Rossignol, Ronsin et autres patriotes purs, contre les *calomnies* de Kléber.

A partir de l'arrivée des Mayençais en Vendée, et de la scission qui en résulta entre le « parti de Nantes » et celui de Saumur, M. Louis Blanc prend fait et cause pour ce dernier, épouse toutes ses rancunes, applaudit à toutes ses insinuations contre les généraux ci-devant nobles et aristocrates. Il intervertit sans scrupule l'ordre et la suite des événements militaires pour établir que les revers de l'armée de Saumur furent, au mois de septembre 1793, la conséquence de l'arrêt et de la marche rétrograde de l'armée de Nantes, ce qui est précisément l'inverse de la vérité. Depuis la nomination de *Léchelle*, M. Louis Blanc se prend corps à corps avec le géant Kléber, et l'accuse à chaque page de dénaturer les faits par jalousie de métier, et en haine des véritables défenseurs de la liberté. Quand, après la bataille de Chollet, Kléber démontre que le moyen de rejoindre plus tôt l'ennemi est de faire promptement les détours nécessaires pour trouver des ponts, M. Louis Blanc seul n'est pas convaincu ! A Entrames c'est bien autre chose encore : suivant lui, les faits sont falsifiés, d'un bout à l'autre, dans le récit de Kléber. Léchelle a rempli, depuis le commencement jusqu'à la fin, les devoirs d'un brave militaire; la déroute a été due uniquement à l'esprit de désorganisation soufflé aux soldats de Mayence par l'ambition mécontente de Kléber et de sa coterie, etc. Nous ne saurions laisser passer des allégations semblables, énoncées dans un livre que bien des lecteurs superficiels considèrent comme l'histoire définitive de la Révolution.

A la version de Kléber, M. Louis Blanc en oppose deux autres, selon lui inconciliables avec elle, celle des écrivains vendéens et celle de Léchelle. Suivant les Vendéens, la déroute des républicains s'est prononcée à la suite de la prise de leurs canons, immédiatement retournés contre eux. Nous ne voyons pas en quoi ce récit contredit celui de Kléber, qui dit exactement la même chose (V. ci-dessus). Quant au rapport de Léchelle, c'est précisément la pièce la plus accablante qu'on puisse citer contre lui. Elle prouve qu'il n'avait pas vu l'endroit où l'on s'était battu, qu'il ne se faisait pas même une idée exacte de sa configuration. M. Louis Blanc lui-même n'aurait pas manqué de s'en apercevoir, si à l'exemple des Thiers, des Macaulay, des Prescott, il avait daigné visiter les lieux dont il parle. L'aspect des environs de Laval a beaucoup changé, il est vrai : les chemins sont élargis, bien des broussailles défrichées, bien des haies arrachées; mais les formes et les ondulations du terrain subsistent. En arrivant de Château-Gontier, la route de Laval s'abaisse dans un vallon assez profond, puis se relève pour atteindre l'autre plateau. De ce côté, c'est-à-dire en remontant vers Laval, la pente est à la fois plus haute et plus abrupte, et c'est là précisément la position d'Entrames, sur laquelle était massée l'armée vendéenne. Si M. Louis Blanc avait lu attentivement ce journal de Kléber dont il critique le style, il aurait vu que Westermann, ayant apprécié du premier coup d'œil la force de cette position, et le danger de laisser aux Vendéens le temps de s'y établir solidement, voulait absolument brusquer l'attaque dès la veille. « Il avait raison, ajoute Kléber; mais s'il est des moments où l'on peut tout exiger des troupes par un enthousiasme excité à propos, il en est d'autres où l'on tenterait en vain de les électriser, et où il faut se borner à les contenir dans le cercle ordinaire de leur devoir, » et l'on était dans un de ces instants-là. Léchelle, resté à l'extrême arrière-garde jusqu'au moment où il s'enfuit l'un des premiers, n'avait pas vu le champ de bataille, et en donne une idée fort inexacte, quand il représente dans son rapport l'avant-garde et l'artillerie républicaine comme occupant « les crêtes du terrain. » Il a induit ainsi en erreur le représentant Louis Blanc. Celui-ci, enchérissant encore de confiance sur cette erreur, dit que les « républicains avaient l'avantage de la position, qu'ils s'étaient emparés d'un point culminant *qui dominait la position de l'ennemi*, et y avaient établi leur batterie, qui fut attaquée et enlevée. » Autant de mots, autant d'inexactitudes. Le *point culminant*, c'était la hauteur d'Entrames, dont les républicains ne s'emparèrent pas, ayant été tout d'abord refoulés par les Vendéens qui prirent l'offensive et la gardèrent toute la journée. Les républicains furent forcés, leur artillerie enlevée sur le revers opposé du vallon, du côté de Château-Gontier. Telle fut la véritable physionomie de l'action. M. Louis Blanc, pour qui Léchelle est un oracle, lui attribue aussi, sur sa parole, le déploiement à droite et à gauche de la division Kléber, que celui-ci opéra de lui-même. Aucun homme sérieux n'admettra qu'un Kléber ait eu besoin des instructions d'un Léchelle pour faire ce mouvement, impérieusement commandé par les circonstances. Ce fut au contraire Kléber qui fit supplier vainement Léchelle à diverses reprises, de faire exécuter, par la division Chalbos un mouvement analogue à celui-là sur la droite, pour prendre en flanc les tirailleurs vendéens, qui débordaient déjà de ce côté la tête de l'armée. Dans cette circonstance comme dans les précédentes, Léchelle était fort empressé de s'attribuer directement le mérite de manœuvres qui s'étaient accomplies bien loin de lui et à son insu. Ainsi, dans son récit de la bataille de Chollet, où il resta constamment hors de portée du canon, ce serait lui, à l'en croire, qui aurait soutenu tout l'effort de l'attaque ; ce serait lui qui aurait « culbuté et noyé dans la Loire l'arrière-garde vendéenne [1] ; brisé de sa main (textuel) les fers des

1. Il n'y avait plus un soldat vendéen à Saint-Florent quand les premiers éclaireurs républicains y arrivèrent le 19 octobre au matin.

prisonniers de Saint-Florent! » Ils avaient dû à Bonchamp mourant la vie et la liberté, avant que Léchelle n'eût quitté Chollet! Ces traits suffisent pour faire juger de la véracité de Léchelle; en voici un maintenant, qui suffira pour faire apprécier la logique de son panégyriste. Il prétend trouver dans le récit même de Kléber une réfutation péremptoire du fait de lâcheté imputé au général en chef. Kléber dit que Léchelle, en se retirant à Château-Gontier, tandis qu'on se battait encore à Entrames, s'écria : « Qu'ai-je donc fait pour commander à de pareils lâches? » et qu'un soldat de Mayence blessé, lui répondit : « Qu'avons-nous fait pour être commandés par un pareil j... f.....? » Ce petit dialogue est, suivant M. Louis Blanc, la meilleure preuve du grand courage de Léchelle; parce qu'il n'aurait jamais osé tenir un pareil propos, s'il avait lui-même donné l'exemple de la lâcheté !!!

Mais il y a quelque chose de plus pénible que le défaut de logique, c'est le manque de sincérité, et M. Louis Blanc nous en donne un triste exemple, quand, ravivant les calomnies du terrorisme contre les véritables sauveurs de la

France, il impute la défaite d'Entrames à l'esprit de désorganisation et de faction, aux intrigues anticiviques de la coterie de Mayence! C'est, selon lui, la seule manière d'expliquer la déroute à Entrames des vainqueurs de Chollet. Il oublie ou feint d'oublier que depuis douze jours les Mayençais avaient supporté tout le poids de cette horrible guerre, ne se reposant que par des marches forcées, de combats contre un ennemi intrépide, supérieur en nombre et désespéré! Il oublie que ces troupes étaient harrassées; que, suivant le témoignage des représentants montagnards eux-mêmes, depuis plusieurs jours elles manquaient de vivres, de souliers. Il oublie enfin qu'à Entrames elles n'avaient pas seulement affaire aux vaincus de Chollet, car les écrivains royalistes nous apprennent qu'un grand nombre des insurgés les plus braves de la partie poitevine du Bocage, n'avaient pas eu le temps de rejoindre avant cette bataille, et avaient suivi l'exode vendéenne sans avoir combattu.

Enfin, il n'y a ni équité, ni loyauté à reparler sans cesse de cet esprit de coterie exclusive, de ces prétendues intrigues qui n'existèrent jamais « que dans le noir roman des colères[1] » des partisans de la Terreur. Qu'il y eût entre ces vrais généraux, ces vrais sauveurs de la France, un sentiment de noble fraternité né dans les camps, fortifié parmi les périls communs de la guerre et de la délation, cela n'est ni à blâmer, ni à nier; mais qu'on nous cite un seul patriote de quelque bon sens, un seul officier de quelque valeur qui ait été écarté, opprimé par cette soi-disant coterie des Mayençais! Marceau, Westermann leur étaient absolument étrangers, et après quelques jours de campagne ils étaient par eux agréés comme frères d'armes. De part et d'autre on s'était vu à l'œuvre, on se sentait en butte aux mêmes jalousies, aux mêmes défiances. Non, cette puissance occulte de l'intrigue n'était pas dans ce qu'on a appelé le parti de Nantes! Elle résidait tout entière chez ceux qui, mis en évidence un moment par un caprice malfaisant de la tempête, voyaient un ennemi naturel dans tout homme supérieur, et mesuraient l'intensité de la haine à l'importance des services[2].

1. L'expression est de M. Louis Blanc lui-même.

2. Cette discussion à propos de la bataille d'Entrames.

IV.

Les représentants auraient voulu que Kléber reprît immédiatement l'offensive avec les sept mille hommes environ qu'il était parvenu à rallier au Lion d'Angers. Kléber eut le courage de résister à cette exigence insensée, qui eût

paraîtra peut-être un peu longue ; mais elle était indispensable pour défendre Kléber d'insinuations qu'on s'étonne de trouver dans un ouvrage français.

Ce malencontreux Léchelle, qu'on a voulu travestir en héros, partit immédiatement pour Nantes sous prétexte de maladie ; mais il tomba réellement malade et mourut trois semaines après. On a prétendu, mais sans preuves, qu'ayant appris qu'il ne serait plus employé, il s'empoisonna de désespoir. M. Louis Blanc, voulant à toute force le réhabiliter en quelque chose, le représente comme fort supérieur à Kléber, sous le rapport du style, de l'orthographe et de la calligraphie, « *ce qui n'empêche pas*, dit-il, *Kléber d'avoir été un héros.* » C'est fort généreux à lui d'en convenir, et avec un choix si heureux d'expressions. Voici un échantillon de ce style qu'il estime si supérieur à celui de Kléber : « Je ne puis que vous renouveller l'assurance de tout mon dévouement à la République, et *qu'en* bon sans-culotte, j'emploierai tous les moyens *pour le bonheur de la liberté* et de la cause du peuple... » (Rapport du 16 octobre.)

achevé de perdre l'armée. Voici dans quels termes il rend compte de cette importante délibération. On va voir dans quel état se trouvaient les troupes, et s'il était nécessaire de chercher dans l'esprit de désorganisation la véritable cause de leur récente défaite.

« Merlin, Turreau et plusieurs autres étaient d'avis de faire avancer l'armée. On m'invita à m'expliquer à ce sujet. Je crois, dis-je, qu'il faudrait d'abord mettre en question si nous avons une armée ou si nous n'en avons pas. Déjà vous auriez décidé cette question si, comme moi, avant le jour, vous aviez parcouru le front du camp ; si vous aviez vu le soldat mouillé jusqu'aux os, sans tentes, sans paille, sans souliers, sans culottes, quelques-uns sans habits, dans la boue jusqu'à mi-jambe, grelottant de froid, et n'ayant pas un seul ustensile pour faire sa soupe ; si, comme moi, vous aviez vu des drapeaux entourés de vingt, trente, cinquante hommes au plus, qui forment les divers bataillons ; si, comme moi enfin, vous les aviez entendus s'écrier : les lâches sont à Angers, et nous, nous sommes ici dans la plus profonde misère. Alors vous penseriez comme moi, qu'il n'est pas possible de rien entreprendre avant d'avoir remonté l'armée, tant au moral qu'au physique. Or je déclare que dans l'état où je vois nos soldats, il est impossible que l'on puisse en espérer la moindre chose. — Tu conclus donc? me dit-on. — Je conclus qu'il faut faire entrer les débris de l'armée à Angers. — Et comment les tireras-tu ensuite de ce gouffre? — Plus facilement que vous n'en retireriez actuellement plus de la moitié de l'armée qui y est déjà, et sans laquelle je vous défie de rien entreprendre. — Mais ils vont se livrer à la débauche. — C'est là le pire; aussi mon intention serait-elle de ne les y laisser que le temps nécessaire pour réorganiser l'armée dans sa totalité, et pour lui procurer des souliers et autres effets indispensables dans une saison si rigoureuse. De fréquents appels, des revues, les tiendront en haleine. Ils iront au café, au cabaret, tant mieux! Chaque verre de vin qu'il boiront ranimera leur courage. Ils raconteront à leurs hôtes, à leurs maîtresses, leurs exploits passés; ceux-ci applaudiront et les rendront avides de nouveaux lauriers. Vous aurez ainsi dans quelques jours une armée non-seulement réorganisée, mais pour ainsi dire régénérée. Mon avis passa; il fut arrêté que le lendemain l'armée se rendrait à Angers. »

Voilà un échantillon de ce style, que le dernier historien de la Révolution trouve si incorrect et si inférieur à celui des Léchelle et des Rossignol.

Six jours furent employés à la réorganisation et à l'équipement de l'armée. On ne put malheureusement, dans un délai aussi court, remédier que d'une façon bien incomplète à la pénurie de souliers, inconvénient capital dans une telle saison et dans un tel pays. « Je m'attachai, dit Kléber, à répartir dans chaque brigade les bataillons les plus solides, pour leur assurer à toutes de bonnes têtes de colonnes. » Il parvint ainsi à tirer un parti avantageux des instructions ombrageuses du Comité de salut public, qui ne cessait de prescrire la dislocation de la « ci-devant garnison de Mayence », toujours suspectée d'aristocratie. Mais la bataille d'Entrames n'avait pas suffisamment porté conseil aux dictateurs révolutionnaires; à la place de Léchelle, ils firent reparaître Rossignol. C'était, suivant M. Louis Blanc, le choix le plus heureux qu'on pût faire. « C'était, dit-il, un trait de politique profonde que d'écarter du commandement suprême des armées, à l'intérieur, des hommes en qui le soldat dominait le citoyen, et dont le génie militaire eût pu, servi par la victoire, devenir fatal à la liberté. » En d'autres termes, il valait mieux mettre à la tête des armées des gens essentiellement capables de les faire battre, que des généraux habiles, parce que ceux-là auraient eu la tentation d'abuser de leurs succès. On va voir tout à l'heure se dérouler les conséquences de cette « politique profonde. » L'un des premiers soins du nouveau général en chef fut de réclamer « l'envoi du citoyen Fourcroy, membre de la Montagne, pour aider l'armée de ses lumières, et parvenir par des moyens chimiques, à la destruction des brigands ! » (Lettre du 11 novembre[1].)

1. M. Louis Blanc, admirateur de Rossignol, s'est bien gardé de lui laisser le mérite de cette belle conception. Il l'attribue à Santerre, qui effectivement, dans une lettre du 22 août précédent, recommandait l'emploi de *fumées soporatives* pour asphyxier les rebelles. Mais il oublie de dire que Santerre rapportait cette idée d'un entretien qu'il venait d'avoir avec Rossignol.

Le Comité jugea également indispensable d'envoyer près de l'armée de l'Ouest de nouveaux représentants, dont un de ses propres membres, pour y stimuler davantage l'ardeur républicaine. Le plus influent de ces représentants était naturellement le membre délégué du Comité, Prieur de la Marne, homme de beaucoup d'esprit et de peu de jugement, qui affectait par peur un républicanisme ardent, et recourait fréquemment aux spiritueux pour se maintenir dans un état d'exaltation factice. Après avoir passé quelques mois de sa vie à craindre de paraître modéré, il employa le reste à regretter de s'être compromis en affectant trop de violence. Le Comité de salut public lui avait spécialement recommandé « de harceler les généraux et de se méfier d'eux. » On ne pouvait mieux s'y prendre pour amener de nouveaux revers.

Le 7 novembre, l'armée se porta de nouveau sur Laval, que les Vendéens avaient évacué pour marcher sur Granville, par Mayenne et Fougères. Ils voulaient s'ouvrir une communication avec le secours anglais qu'on leur faisait espérer. Cette manœuvre les engageait dans une impasse; elle devait leur être immédiatement fatale, si les ressources dont la République disposait de ce côté avaient été convenablement employées.

Le 15, l'armée de l'Ouest opéra sa jonction à Rennes avec celle des côtes de Brest. Généraux et représentants s'assemblent pour concerter un plan d'opérations. « Jamais, dit Kléber, je n'avais vu une collection d'hommes aussi peu capables de conduire des troupes. » On venait pourtant de se résoudre à marcher sur deux colonnes, par Antrain et Fougères, quand on apprend que la place de Granville est attaquée. A l'instant, les représentants, tout effarouchés, *requièrent* que l'on coure immédiatement en masse au secours de Granville par le chemin le plus court, c'est-à-dire par Antrain. Tandis que les soldats républicains faisaient cette course de dix lieues, la plupart pieds nus, dans la boue, sous une pluie battante, les Vendéens déjà repoussés de Granville, refluaient vers le défilé de Pontorson, par lequel il leur fallait nécessairement repasser pour se jeter dans la Basse-Bretagne ou pour regagner la Loire. Cette position était occupée par quatre mille hommes sous les ordres de Tribout, l'un de ces soi-disant généraux auxquels « le sans-culottisme tenait lieu de talents. » Il promettait dans sa correspondance de « faire mordre la poussière à l'armée catholique jusqu'au dernier homme. » Au lieu de s'en tenir à la défense facile d'un défilé large seulement de dix-huit pieds, et impossible à tourner, Tribout, pris d'un beau zèle, se porte en avant, sur un terrain vaste et uni, où les Vendéens pouvaient faire valoir l'avantage du nombre. Il perd toute son artillerie et se fait rejeter bien au delà de Pontorson, « un peu en déroute, » comme il l'avoue lui-même. Il est certain, remarque à cette occasion Kléber, que si Tribout se fût contenté de défendre le défilé, il aurait arrêté l'ennemi, nous eût donné le temps de nous mettre en mesure avec lui, et l'armée vendéenne n'avait plus d'autre retraite que la grève du Mont-Saint-Michel. S'il y eut jamais un général battu uniquement par son fait, ce fut bien celui-là. Il n'en rejeta pas moins la faute sur le chef d'état-major Vergnes, officier de mérite et ami de Kléber, se plaignant de n'avoir pas reçu un renfort qu'il avait demandé antérieurement. Cette dénonciation amena l'arrestation et l'emprisonnement de Vergnes. Celui-ci n'eut pas de peine à se justifier, en démontrant que l'avant-garde de l'armée, exténuée par dix lieues de marche, n'avait atteint Antrain que dans la soirée du 17 (Pontorson avait été attaqué le 18) ; que Tribout aurait pu facilement se soutenir et être secouru en temps utile, s'il était resté au poste qu'indiquaient les règles de la guerre, tandis qu'un renfort ne lui aurait servi à rien dans la position qu'il avait prise. Ces raisons parurent convaincantes au Comité de salut public lui-même, et Vergnes fut remis en liberté, ce qui n'empêche pas M. Louis Blanc d'insinuer qu'il y eut sans doute de la mauvaise volonté de la part de Kléber et de ses amis ; qu'ils ont été bien aises de faire battre un homme qui n'était pas des leurs, etc.

Cependant, l'armée républicaine avait occupé Antrain et s'y fortifiait, tandis que d'après le conseil de Kléber, l'avant-garde légère, sous Westermann et Marigny, l'un des braves de Mayence, courait en avant pour tâter l'ennemi. Bientôt ils annoncent que celui-ci, de Pontorson, s'est porté sur Dol. Aussitôt Kléber propose un plan d'opérations « activement défensives, » consistant à s'établir solidement à Antrain, à faire harceler l'ennemi sans relâche par les troupes légères, à intercepter ses vivres, à l'épuiser par des alertes incessantes, avant d'en venir à une affaire générale. Les détails qu'ont donnés depuis les écrivains royalistes sur la situation de l'armée vendéenne à cette époque ne justifient que trop la terrible sagacité de Kléber.

Ce plan était vivement approuvé par tous les vrais militaires, les représentants eux-mêmes venaient de s'y rallier, quand « une belle étourderie » de Westermann vient tout compromettre. Il annonce de Pontorson que les Vendéens sont aux abois, que pour les détruire immédiatement, il suffit de diriger, dans la nuit même, une attaque combinée sur Dol. A cette nouvelle, les représentants prennent feu, et, sans écouter aucune observation, ordonnent à Marceau de se mettre en marche pour seconder Westermann. Celui-ci agit avec sa témérité ordinaire; il attaque sans attendre l'aide qu'il avait réclamée, et se fait repousser avec perte. Marceau arrivant ensuite du côté d'Antrain, se trouve aux prises à son tour avec l'élite des Vendéens; il soutient pendant quelques heures un combat acharné sans avantage décisif. A la suite de ces attaques décousues et malheureuses, Kléber insiste de nouveau sur l'exécution du plan agréé la veille. Les représentants paraissent y consentir, mais, après un dîner copieux, ils se ravisent et ordonnent une nouvelle attaque combinée, pour en finir tout de suite avec les brigands. Cependant, vers le milieu de la nuit, celui des représentants qui menait alors ses collègues, et par suite toute l'armée, l'avocat Prieur de la Marne, calmé par la fraîcheur du bivouac, demanda à Kléber s'il croyait au succès complet de l'entreprise. Kléber répondit franchement que ce succès lui paraissait plus douteux que jamais à la suite d'un premier échec. « Forcé de conclure, dit-il, je déclarai que, si j'en étais le maître, je me renfermerais strictement dans le plan arrêté au conseil de guerre. » Rossignol lui-même fut de cet avis ; l'on envoya coup sur coup trois ordonnances pour retenir Westermann. Mais on avait trop tardé !

Cette fois encore, ce sabreur incorrigible s'engage au point du jour sans attendre personne, et se fait mettre en déroute. Aussitôt après, la colonne de Marceau est vigoureusement attaquée de front; un judicieux mouvement de La Rochejacquelein ramène sur le flanc de ces nouveaux ennemis les tirailleurs qui poursuivaient Westermann. Après une longue résistance dans les conditions les plus désavantageuses, les plus braves parmi les républicains reculent, les autres lâchent pied; finalement, malgré les efforts de Marceau et de Kléber, l'armée entière est mise complétement en déroute et rejetée au delà d'Antrain. Le désastre aurait été plus grand encore, sans l'héroïque fermeté de Marceau, qui défendit longtemps l'accès du pont d'Antrain avec tous les hommes de bonne volonté qu'il put ramasser, sans distinction de compagnie ou de bataillon. De tous les généraux de la République et de l'Empire, nul peut-être n'a possédé, au même degré que Marceau, cette précieuse qualité militaire, la constance dans les revers.

Rossignol eut là un mouvement honnête, dont il faut lui tenir compte. Tandis qu'à quelques pas en arrière du pont encore défendu, généraux et représentants délibéraient tumultueusement, Rossignol, qui s'était d'ailleurs battu avec courage, parut un papier à la main : « Citoyens, dit-il, j'ai juré la République ou la mort, je tiendrai mon serment; mais je vous déclare que je ne suis pas f.... pour commander une armée. Qu'on me donne un bataillon, je saurai remplir ma tâche. Voilà ma démission que je viens d'écrire moi-même; si on la refuse, je croirai qu'on veut perdre la République. » Mais l'avocat représentant Prieur refusa cette offre, et ajouta que la responsabilité des revers ne retomberait dans aucun cas sur Rossignol, « le fils aîné du Comité de salut public, » mais sur les généraux chargés de le seconder. Cette aimable insinuation semblait s'adresser spécialement à Kléber; et pourtant, si l'on avait été battu, c'était pour avoir agi en sens inverse de ses conseils[1] !

1. Par inadvertance ou par tout autre motif, M. Louis Blanc reporte l'offre *magnanime* de Rossignol à l'époque du séjour de l'armée à Rennes, tandis qu'elle avait été le résultat de l'impression immédiate de cette nouvelle défaite. Dans une autre occasion, Prieur répéta avec complaisance que Rossignol essuyât-il vingt déroutes semblables, ce n'était jamais à lui qu'on s'en prendrait, mais aux autres généraux.

M. Louis Blanc admire fort cette « politique du Co-

L'armée avait fait sa retraite sur Rennes. Là, Kléber donna de nouveaux avis, qui, par bonheur, furent mieux écoutés. Prieur entendait encore assez bien la raison quand il était à jeun. Kléber lui fit comprendre qu'attribuer, comme on le faisait officiellement, les dernières défaites à la trahison de quelques scélérats cachés dans les rangs, pouvait être une manœuvre utile pour relever l'opinion, mais que la situation réclamait d'autres mesures pratiques. « Il s'agissait d'abord de nommer, sous les ordres de l'inamovible Rossignol, un général *commandant toutes les troupes !* ensuite des commandants spéciaux pour les diverses armes, etc. » Tous les choix proposés par Kléber furent agréés ; il n'y eut d'objection que pour le commandement de la place de Rennes, que Prieur voulait absolument donner à un excellent patriote de sa connaissance. Ce protégé de Prieur était un tailleur qui avait figuré pendant quelque temps, en travaillant de son état, sur les contrôles d'un régiment de ligne. Heureuse-

mité à l'égard des hommes d'épée, » politique dans laquelle pourtant il ne persévéra guère, heureusement pour la République et pour lui-même.

ment ce tailleur *sans-culotte* eut le bon sens de refuser avec opiniâtreté l'emploi que l'on voulait si judicieusement lui confier. Comme on craignait que l'armée vendéenne victorieuse n'avançât sur Rennes avant qu'on ne fût prêt à lui tenir tête, Kléber fit évacuer sur Nantes les malades et les blessés, et prit toutes les mesures pour assurer l'enlèvement éventuel des munitions. Mais, à ces préparatifs judicieux, les représentants joignirent un arrêté plein d'aménité pour la ville de Rennes, annonçant qu'elle serait incendiée, en punition de ses intelligences présumées avec les brigands, si l'armée était obligée de l'abandonner. « Belle récompense, dit Kléber, du zèle et du courage que la garde nationale de Rennes avait constamment déployés ! »

Kléber avait désigné Marceau pour l'étrange fonction de commandant de toutes les troupes sous un général en chef. « Je me sentis alors, dit-il, allégé d'un grand fardeau. J'étais certain qu'il n'entreprendrait rien sans s'être concerté avec moi. Marceau était jeune, actif, plein d'intelligence, d'audace. Plus froid que lui, j'étais là pour le contenir. Nous prîmes l'engagement de ne point nous quitter jusqu'à ce que nous eussions ramené la victoire sous nos drapeaux[1]. »

On ne tarda pas à acquérir la certitude que les Vendéens n'avaient plus qu'une idée fixe, celle de retourner dans leur pays. Mais on ignorait encore sur quel point ils tenteraient de repasser la Loire. Dans le doute, Kléber avait fait envoyer, dès le 27 novembre, une brigade pour renforcer la garnison d'Angers. Il avait fait décider ensuite que le gros de l'armée se porterait sur Châteaubriand, d'où l'on serait en mesure de se diriger sur Angers ou tout autre point correspondant à la marche encore incertaine de

1. Prieur, qui se laissait souvent aller à des effusions imprudentes, surtout après dîner, dit un jour, que les défaites même des républicains pouvaient être considérées comme des avantages pour la République, attendu qu'elles coûtaient aussi du monde aux brigands, et qu'ils n'avaient pas les mêmes facilités pour se recruter. Ce langage était d'autant plus inconcevable, que Prieur, membre du Comité, semblait trahir ainsi sa pensée intime. « D'après ce raisonnement, ajoute Kléber, il est clair qu'on cherchait moins des victoires que des combats fréquents; mais si telles étaient les vues du gouvernement, peut-être eût-il été prudent d'en garder le secret. »

l'ennemi. En conséquence, Marceau et Kléber partirent de Rennes le 29, et arrivèrent à Châteaubriand le lendemain au soir, avec la plus grande partie des troupes. Le général en chef et les représentants avec la réserve devaient suivre à deux jours de marche. Le 31, on apprend positivement qu'Angers est menacé. Marceau en donne avis par deux fois à Rossignol; il demande des ordres; Rossignol répond qu'il arrivera le lendemain. « C'était assez dire, observe avec raison Kléber, que Marceau devait l'attendre sans bouger. » Rossignol paraît enfin le 3 au soir avec son digne chef d'état-major, Robert, et les représentants Prieur, Bourbotte et Turreau. Ceux-ci, par malheur, reçoivent au même instant une lettre alarmante de leurs collègues enfermés dans Angers. Ils annonçaient que la place était attaquée par toute l'armée des brigands, et réclamaient le secours immédiat de l'armée entière. Épouvantés et par conséquent furieux, les représentants demandent à Rossignol comment il se fait que la colonne de Châteaubriand ne soit pas déjà en avant. Mais ici, il faut laisser la parole à Kléber.

« Rossignol rejeta lâchement la faute sur Marceau; et Robert, notre ennemi juré, étaya cette impudence, en donnant à entendre qu'on n'avait pas été fâché de prendre quelque séjour à Châteaubriand, qui offrait des agréments. Marceau fut appelé; la scène devint très-vive, et, quoiqu'il lui fût facile de se justifier, on feignit de ne point vouloir l'écouter. Rossignol, sous prétexte d'une incommodité, laissa ce jeune général seul aux prises avec les représentants. Enfin, après avoir crié beaucoup, Prieur finit par dire à Marceau : « Au surplus, nous savons « bien que c'est moins ta faute que celle de Klé- « ber qui t'a conseillé, et dès demain nous éta- « blirons un tribunal pour le faire guillotiner. »

« Marceau revient, ému de douleur; il me raconte ce qui vient de se passer; il était onze heures du soir. Je vais de suite chez les représentants pour avoir une explication. Je les trouve couchés, excepté Turreau; on ne profère pas une parole. Enveloppé dans mon manteau, je me promène dans la chambre pendant dix minutes sans mot dire.

« Tout à coup, Prieur s'écrie : « Eh bien! Klé- « ber, que penses-tu d'Angers? » Je lui répon-

« dis froidement : « Ce que j'en ai pensé il y « a trois jours, lorsque, au conseil de guerre, « j'ai proposé d'y envoyer la brigade Boucret. « — Mais, sais-tu que deux représentants y « sont enfermés? — Je l'ignore ; mais je sais « bien qu'il y a à Angers maintenant quatre « mille hommes de garnison, une population « considérable, et, de plus, le général Beau- « puy. — Allons, Kléber, il faut marcher, et si « Rossignol s'était expliqué, depuis deux jours « on serait devant Angers. — Ce n'est donc ni « à Marceau, ni à moi qu'il faut s'en prendre, « si nous nous trouvons encore ici. — Allons, « Kléber, allons, vive la République ! »

« Ainsi finit une scène qu'un mot pouvait conduire à la plus terrible catastrophe, dont ils auraient pu devenir les premières victimes. »

Voilà un de ces tableaux contemporains, d'une réalité terrible, qu'on ne saurait trop souvent opposer aux fictions des courtisans posthumes de la Terreur. L'impassibilité dédaigneuse de Kléber et d'autres officiers de même trempe froissait au plus haut degré les proconsuls, qui ne les supportaient que par nécessité, un peu aussi par crainte; et, dans plus d'une circonstance, ces sauveurs de la France n'ont été sauvés eux-mêmes que par la certitude qu'on avait qu'ils ne se laisseraient pas impunément égorger.

A minuit, c'est-à-dire immédiatement après cette explication, l'armée se mit en marche pour Angers, où elle arriva dans la soirée du lendemain. Les prévisions de Kléber étaient déjà réalisées ; la garnison et les habitants, électrisés par l'énergique attitude de Beaupuy, l'héroïque blessé d'Entrames, avaient repoussé le premier assaut, et l'approche de l'armée républicaine avait achevé de rebuter les Vendéens[1]. Ceux-ci se retiraient sur Beaugé, vivement harcelés par l'infatigable Westermann. Cette armée, épuisée par des marches incessantes et par ses propres victoires, entrait alors dans sa période

1. Beaupuy, grièvement blessé au début de la bataille d'Entrames, avait été d'abord transporté dans une chaumière dont il fallut bientôt l'enlever à cause des progrès de l'ennemi. Ce fut dans cette occasion qu'il dit ce mot héroïque si souvent cité : « Qu'on me laisse ici, et qu'on porte ma chemise sanglante à mes grenadiers. » On ne l'abandonna pas toutefois ; plus heureux que bien d'autres braves de Mayence, il ne devait pas périr par des mains françaises.

d'agonie, et, pour comble de malheur, elle allait avoir affaire à des troupes mieux dirigées. Les événements d'Antrain avaient enfin éclairé le Comité de salut public; il retira à Rossignol le commandement en chef. C'était, il est vrai, pour le donner à quelqu'un qui ne valait guère mieux, ni comme homme, ni comme militaire; à ce Turreau, que sa conduite atroce dans la Vendée accablée et presque pacifiée allait bientôt rendre odieusement célèbre. Mais heureusement pour la République, Turreau, occupé à l'armée des Pyrénées, ne pouvait être rendu de suite à son nouveau poste, et c'était à Marceau que le commandement en chef *par intérim* était dévolu. Par une anomalie étrange, témoignage de l'anarchie qui régnait dans les conseils du gouvernement, l'envoi fait à Marceau contenait une liste de destitutions comprenant les noms de la plupart des officiers supérieurs de Mayence, et en tête celui de Kléber. Il est vrai qu'une lettre séparée du ministre, dans la prévision que « Kléber pourrait rendre encore quelques services, » autorisait le général en chef intérimaire à retenir par-devers lui, jusqu'à nouvel ordre, sa lettre de destitution. Marceau, lui, ne voulut accepter ce commandement qu'à la condition que Kléber consentirait à diriger de fait toutes les opérations. « Je garde pour moi, lui dit-il, toute la responsabilité, et je ne demande que le commandement de l'avant-garde au moment du danger. — J'y consens, répondit Kléber ; nous serons guillotinés ensemble ! »

Rossignol n'en était pas à se repentir d'avoir offert sa démission après la bataille d'Antrain. Furieux de se voir pris au mot, il s'en vengea en dénigrant de tout son pouvoir Marceau, qui avait le tort irrémissible d'être mis à sa place, Kléber et les officiers de Mayence. Il disait de Marceau : « C'est un petit intrigant enfoncé dans la clique ; il était l'ami et *le voisin* du scélérat Pétion. Il inquiète les patriotes, avec lesquels d'ailleurs il ne communique pas. » Kléber n'était pas mieux traité. « Depuis huit jours il est concentré ; il ne dit plus rien au conseil. C'est un bon militaire, qui sait le métier de la guerre, mais qui sert la République comme on servirait un despote. On ménage la chèvre et les choux, on se bat quand on veut, et enfin il est temps de renverser ces projets. Voilà le vœu d'un bon républicain, qui gémit de voir sa patrie trompée, et qui *meurt du désir de jouir de sa prospérité.* » Ce Rossignol, dont M. Louis Blanc vante la générosité, n'avait jamais pardonné à Westermann de l'avoir fait arrêter quelques mois auparavant, pour des faits de déprédation qui n'avaient pas été suffisamment prouvés. Aussi il ne manquait pas une occasion d'incriminer sa conduite. Cette fois, il lui reprochait d'être en partie cause des derniers revers, ce qui n'était pas sans fondement. Il se plaignait aussi de son *caractère mielleux* : de tous les torts qu'on pouvait imputer à Westermann, l'un des hommes les plus violents de l'armée, celui-là était assurément le plus inattendu. Il y avait aussi dans cette lettre un mot atroce sur un vaillant officier qui venait de périr glorieusement sous les murs d'Angers : « Bouin-Marigny était de la clique ci-devant noble, ses parents sont avec les brigands. *Il vient d'être tué ; il était temps!* »

N'étant plus gêné ni contrarié en rien, Kléber obtint des succès aussi prompts que décisifs. La marche de sa division sur la levée de la Loire força les Vendéens d'abandonner leurs projets sur Saumur et de se rejeter dans la direction de la Flèche. Kléber savait trop bien que la constance de ses adversaires était à bout, que chaque marche de plus qu'il les contraignait à faire loin de leur pays assurait davantage leur destruction. De la Flèche, ils se portèrent sur le Mans, où l'avant-garde républicaine les atteignit bientôt. Là, après un premier choc encore indécis, l'incorrigible témérité de Westermann entraîna Marceau à brusquer une nouvelle attaque sans attendre Kléber et le gros de l'armée. Les républicains occupaient la moitié de la ville quand la nuit les arrêta. Marceau aurait pu payer cher cet éphémère succès, s'il avait eu affaire à des adversaires moins abattus et plus propres aux surprises nocturnes. Il comprit bien son imprudence, et se hâta d'appeler Kléber à son secours. En apprenant ce mouvement téméraire, Kléber dit : « Marceau est jeune ; il a fait une sottise ; il est bon qu'il la sente, mais il faut se hâter de le tirer de là. » Il arriva au Mans à minuit, après dix lieues de marche ; au point du jour on reprit l'attaque, mais il n'y avait plus guère dans la ville d'autres ennemis que ceux qui n'avaient pas eu la force ni le temps de fuir. Il y eut là d'horribles scènes, dont il faut détourner les yeux, en rappelant seulement que les vrais soldats ne firent que traverser la ville au pas de course, poursuivant ceux des royalistes qui pouvaient encore se défendre. Ce fut au Mans que Marceau et Kléber eurent le bonheur de sauver, mais pour quelques jours seulement, hélas! une jeune et belle Vendéenne qui, déjà sortie de la ville, mais ayant appris que toute sa famille avait péri, revenait sur les *bleus*, folle de douleur, et les suppliant de la tuer aussi. « Jamais, dit Kléber, je ne vis une femme plus jolie, et, sous tous les rapports, plus intéressante. Elle avait à peine dix-huit ans. » Stupéfaite de trouver de la commisération, des égards, chez des officiers républicains, Blanche Desmeuliers se laissa persuader que peut-être ses parents vivaient encore, qu'on les lui retrouverait, qu'on les sauverait aussi. Quand on a dix-huit ans, on se reprend bien vite à l'espérance! Elle consentit à monter « seule » dans un cabriolet, unique voiture de l'état-major, et alla ainsi jusqu'à Laval, où l'on crut lui avoir trouvé un asile sûr dans une honnête famille. Entraîné à la poursuite des débris de l'armée royaliste, Marceau ne s'arrêta qu'un jour à Laval, mais il sut trouver un moment pour aller voir sa belle protégée. Cette entrevue, probablement unique, et qui eut lieu en présence de Kléber, a donné naissance à une légende poétique, mais dont l'authenticité semble plus que douteuse. Supposer que l'orpheline vendéenne aurait passé en quelques heures de la reconnaissance à un sentiment plus tendre pour son sauveur couvert du sang des royalistes, c'est lui faire faire, on en conviendra, bien du chemin en peu de temps. Au reste, ce mystère fut promptement enseveli dans une tombe sanglante. Tandis que Marceau et Kléber combattaient à Savenay, les autorités révolutionnaires réintégrées à Laval y faisaient des visites domiciliaires, et exécutaient à la lettre le décret d'extermination porté contre les Vendéens et leurs familles. Blanche Desmeuliers ne put échapper à cette perquisition ; elle ne déguisa ni son origine, ni les noms de ses libérateurs, croyant sans doute que ces noms seraient pour elle une sauvegarde, ou du moins qu'un tel aveu ne pouvait compromettre leur vie. C'était mal connaître la violence des passions du temps. Elle périt sur l'échafaud, et l'on commença contre les généraux une procédure qui aurait pu leur devenir fatale, si elle n'eût été communiquée au représentant Bourbotte, qu'une indisposition avait retenu à Laval. Bourbotte était un révolutionnaire ardent ; mais Marceau lui avait sauvé la vie quelques mois auparavant, lors de la prise de Saumur par les Vendéens. Il lui paya sa dette en confisquant et détruisant le fatal dossier. Il rejoignit l'armée peu de jours après, le lendemain de Savenay, et raconta cette tragique histoire aux deux amis, qui furent plus émus du trépas de la pauvre fille, que du danger auquel ils avaient échappé eux-mêmes.

Après une tentative infructueuse pour franchir la Loire à Ancenis, où La Rochejacquelein, Stofflet et quelques autres chefs parvinrent seuls à gagner l'autre rive, les Vendéens, harcelés sans relâche par les troupes légères, firent un effort désespéré pour gagner la Basse-Bretagne. L'armée républicaine les atteignit à Savenay, à la suite de bien des marches et contre-marches forcées, par un temps horrible et dans un pays difficile. Pleinement libre d'agir cette fois, Kléber prit d'autorité ses mesures et son temps pour cette attaque suprême. Dans ce Waterloo de la grande Vendée, les royalistes montrèrent une ténacité héroïque, qu'admirèrent franchement Kléber et ses compagnons. Il y eut un moment dans la soirée du 22 décembre, où le succès faillit être encore compromis par l'emportement des représentants et de Westermann, qui voulaient brusquer l'attaque décisive, sans attendre que toutes les troupes fussent arrivées, qu'elles eussent pris quelques heures de repos indispensable, et occupé tous les débouchés de Savenay. « Je vis l'instant, dit Kléber, où par trop de précipitation, la victoire allait encore nous échapper. Je dis à Marceau : « Si tu ne « prends sur toi d'arrêter toutes ces criailleries, « demain nous serons à Nantes, et l'ennemi « nous y suivra. »

Le récit qu'il fait des péripéties de cette journée mémorable mérite d'être cité en entier.

« La ligne qu'occupaient toutes les troupes avait la forme d'un croissant, et enveloppait la ville sur toutes les parties qui la dominaient. Les représentants et les généraux se rendirent à la poste aux chevaux sur la grande route de Nantes. Là, Westermann proposa d'attaquer pendant la nuit et offrit de se charger de tout. Je lui répondis que je croyais avoir trop bien commencé cette affaire pour la laisser terminer par un autre. Marceau m'appuya, et les représentants parurent approuver mon émulation; mais ils en profitèrent pour m'exciter à attaquer sur-le-champ. Marceau sembla céder un instant, mais je restai inflexible.

« Le 23 à la pointe du jour, lorsque tout le monde sommeillait encore, je montai à cheval avec Westermann et Canuel[1]. Je fis avec eux une reconnaissance autour de la ville, et j'indiquai à chacun le chemin qu'il devait prendre pour l'attaquer.

« L'ennemi avait pris notre prudence pour faiblesse, ce qui fit que non-seulement il nous attendit, mais encore qu'il nous attaqua. Son impétuosité aurait pu avoir des suites fâcheuses, sans la prévoyance des chefs... Bientôt j'entends le canon et la fusillade redoubler; je me porte vers l'avant-garde, je rencontre les grenadiers en retraite; ils paraissent pétrifiés à mon approche. Ils s'écrient : « Général, nous n'avons plus de cartouches. — Eh! me suis-je

1. Canuel commandait une division de l'armée de Cherbourg, venue pour renforcer celle de l'Ouest.

écrié à mon tour, ne sommes-nous pas convenus hier que nous les écraserions à coups de crosse? Allons, grenadiers, retournez à la charge, je vous ferai soutenir. « Je fis aussitôt avancer un bataillon du 31ᵉ régiment : il seconda si bien les grenadiers, que l'ennemi fut dans l'instant repoussé sur ce point.

« Canuel était en marche pour tourner Savenay et l'attaquer par la gauche. J'envoie dire à Marceau qu'il est temps ; je le prie de se charger du centre ; j'envoie l'ordre à la division de Cherbourg de s'avancer sur la droite. Le pas de charge se fait entendre partout. Canuel culbute l'ennemi sur la gauche, Marceau au centre et Kléber sur la droite. Le cri de *Vive la République* retentit dans les airs ; les Vendéens fuient et tombent sous le fer des républicains. On traverse Savenay ; chaque colonne prend une direction différente à la poursuite des rebelles... Équipages, canons, tout tombe au pouvoir des républicains, et pour cette fois la destruction de l'ennemi est certaine [1]. »

1. M. Louis Blanc, si prolixe dans ses insinuations contre Kléber, consacre à peine quelques lignes à la dernière poursuite des Vendéens et à la bataille de Sa-

Dans cette dernière grande bataille de la Vendée, la fermeté des royalistes excita plus d'une fois l'admiration de Kléber et de ses compagnons. L'un de ces derniers, Beaupuy, bon juge en fait de courage, écrivait à Merlin de Thionville, le soir de la bataille : « Je les ai bien vus, bien examinés ; j'ai reconnu de mes figures de Chollet et d'Entrames, et à leur contenance et à leur mine, je t'assure qu'il ne leur manquait du soldat que l'habit. Des troupes qui ont battu de tels Français sont désormais invincibles. Cette guerre de paysans, de brigands, m'a toujours paru, pour la République, la grande partie, et il me semble à présent qu'avec nos autres ennemis, nous ne ferons plus que peloter. »

Le 24 décembre, Kléber et Marceau reçurent à Nantes une ovation. La Société populaire leur ayant offert une couronne civique, le représentant Turreau, fidèle aux instructions du Comité de salut public, qui prescrivaient de ne pas laisser prendre trop d'importance aux généraux, à ceux surtout qui ne passaient pas pour des

venay, parce qu'il n'aurait à cette occasion que du bien à dire de gens dont il n'aime à dire que du mal.

révolutionnaires exaltés, s'écria que c'était plutôt aux soldats qu'il convenait de décerner des couronnes. « Je sais, dit Kléber avec force, que ce sont les soldats qui remportent les victoires; mais il faut aussi qu'ils soient conduits par les généraux, qui sont les premiers soldats de l'armée, et qui sont chargés de maintenir l'ordre et la discipline, sans lesquels il n'y a point d'armée. Je n'accepte cette couronne que pour l'offrir à mes camarades et l'attacher à leur drapeau. »

Le journal de Kléber s'arrête à la journée de Savenay. Suivant sa constante habitude, il s'était attaché à demeurer presque toujours au second plan pendant cette triste et mémorable campagne, qui n'en est pas moins le solide fondement de sa réputation militaire. En effet, c'est à lui qu'appartient l'honneur des journées de Chollet et Savenay, et si dans l'intervalle la grande guerre se prolongea encore trois mois avec de terribles alternatives, si l'armée républicaine fut deux fois mise en déroute, ce fut parce qu'on n'avait pas écouté Kléber. Comme il s'y était attendu, l'ingratitude et la calomnie payèrent ces services. Jaloux de la victoire de

Savenay, le nouveau général en chef de l'armée de l'Ouest s'en vengea en la qualifiant de « succès facile, » et en accusant Marceau et Kléber d'insubordination, de tiédeur républicaine. Marceau, complétement disgracié, et dont la santé était gravement compromise par des chagrins de plus d'un genre, cessa d'être employé dans l'Ouest. Kléber, réduit à l'inaction, coopéra par d'utiles conseils à la reprise de Noirmoutiers. Il fit aussi quelques démarches malheureusement infructueuses auprès de Carrier, en faveur des Vendéens prisonniers, et soumit à Turreau, pour la pacification et la soumission entières du pays, un système complet d'occupation militaire, qui ressemblait d'une manière frappante à celui que Hoche suivit deux ans après avec tant de succès et de gloire. D'après les évaluations de Kléber, confirmées par tous les renseignements contemporains de quelque valeur, il n'y avait pas à cette époque (janvier 1794) plus de cinq mille insurgés en armes sous Charette et la Cathelinière. Dans la haute Vendée, il n'existait plus de rassemblement connu. Kléber pensait que, dans cette situation, « il fallait aller attaquer l'ennemi directement où il était, » placer des forces actives dans les points intermédiaires, de manière à l'empêcher de parcourir toute la Vendée, en fuyant devant les troupes qui agiraient directement contre lui. On savait déjà que le nouveau général en chef projetait une « promenade » générale : Kléber s'attachait à démontrer qu'elle était au moins inutile, sinon dangereuse. « Il en résulterait peut-être, disait-il, que l'on forcerait tous les paysans de l'intérieur, qui ne demandent plus que la paix, à se réunir en masse, et l'on verrait une nouvelle armée se former dans la Vendée. Attaquons promptement les rassemblements connus, détruisons-les, *protégeons le pays*, et tout rentrera dans l'ordre. « Ces conseils étaient trop sages, trop humains pour avoir chance d'être suivis. Turreau, après avoir jeté un coup d'œil sur le projet de Kléber, dit froidement : *Ce n'est pas là mon plan*. Ce qu'il était, son plan, on ne le sut que trop tôt !...

Peu de jours après, Kléber reçut l'ordre de se rendre à Châteaubriand. On lui assigna une division territoriale qui s'étendait des portes de Nantes à Alençon. Là il comptait à peine trois cents hommes de troupes de ligne sous ses ordres. Il passa deux mois dans cette espèce d'exil, où il s'occupa de la rédaction de ses notes sur la précédente campagne. Il fut envoyé ensuite à l'armée des côtes de Brest comme général de brigade, sa nomination de général divisionnaire n'étant pas encore confirmée. Il se retrouva là sous les ordres de Rossignol, qui lui confia le soin de réprimer les chouans dans l'arrondissement de Vitré, et daigna rendre cette fois justice à son zèle et à son intelligence. La correspondance militaire de Kléber à cette époque, quoique soigneusement circonscrite aux objets immédiats de son service, laisse deviner les douloureuses préoccupations que lui causait le système atroce et impolitique de destruction suivi par Turreau sur la rive gauche de la Loire, système qui semblait conçu tout exprès pour faire renaître l'insurrection. Ainsi Kléber observait que, dans le pays qu'il était chargé de garder, pays fort semblable à la Vendée, ce n'était pas aux moyens d'incendie qu'il fallait recourir, parce que le spectacle de villages en cendres ne pourrait qu'ajouter à l'irritation des esprits.

Le Comité de salut public lui-même sentait bien qu'un général tel que Kléber n'était pas à sa place dans un commandement subalterne, où il n'était question que de répartitions, de cantonnements et de mesures de police. Mais, aux termes de la capitulation de Mayence, les officiers ne pouvaient servir d'un an contre les coalisés. Le gouvernement révolutionnaire n'attendit même pas ce délai pour rendre Kléber à la grande guerre, son véritable élément. Dès le mois d'avril 1794, il reçut enfin sa confirmation comme général divisionnaire, et fut envoyé à l'armée du Nord, sous les ordres de Pichegru. A partir de ce moment, Kléber devient tout à fait étranger à la guerre civile; c'est contre les ennemis du dehors qu'il va déployer ses éminentes facultés militaires.

Grâce aux progrès de l'agriculture et de l'industrie, les champs de bataille de la guerre de l'Ouest sont aujourd'hui méconnaissables. Chaque année voit défricher quelques nouvelles portions des taillis incultes d'ajoncs et de genêts si propices aux surprises d'autrefois; les chemins aux profondes ornières ont fait place à des routes carrossables; les haies séculaires d'où jaillit tant de fois la mort, disparaissent sous la cognée pacifique. En parcourant récemment les parages les plus reculés de cette contrée trop riche en souvenirs, nous avons vu, gisant à terre, quelques-uns des derniers débris des fortifications vendéennes; de ces énormes souches étêtées derrière lesquelles s'embusquaient les tirailleurs, et dont les formes hideusement contournées symbolisaient en quelque sorte les épouvantements des guerres civiles. Plusieurs de ces arbres, comme ceux du sinistre verger d'Hougoumont près de Mont-Saint-Jean, portaient encore des cicatrices de balles ou d'incendie.

Pourtant les changements accomplis depuis bientôt un siècle n'ont pu enlever à quelques-uns de ces sites vendéens et bretons un caractère de mélancolie étrange et profonde; la nature semble y porter obstinément le deuil des fureurs de l'homme. Cette impression de morne tristesse est particulièrement sensible dans les environs de Savenay. En revanche, le vaste amphithéâtre de Saint-Florent, jadis témoin du lugubre exode des Vendéens, apparaît consolé, purifié en quelque sorte par l'aspect du seul monument possible d'une telle guerre, celui qui rappelle la fin sublime de Bonchamps.

D'où vient donc, malgré la légitime horreur qu'inspire le tableau des excès des deux partis, d'où vient cet attrait instinctif, puissant, que conserve pour les âmes élevées le souvenir de cette lutte fratricide, si vaillamment soutenue de part et d'autre? Les éloquentes et graves explications d'un écrivain qui fut à la fois homme d'État et philosophe éminent, vont nous aider à comprendre cette énigme.

« Le principe de l'obligation envers l'État et sa constitution actuelle, a dit M. de Rémusat, peut se rattacher sans doute à des principes de morale universelle; mais il tient aussi à des conventions sociales qui sont de leur nature variables. Aux époques où les événements les exposent à des variations fréquentes, où toutes ces choses-là, constitution, dynastie, sont sujettes au changement; dans les temps révolutionnaires, en un mot, le devoir politique, moins distinct, est moins stable et moins inflexible. Il faut plus de lumières pour discerner où est le droit, où est le bien public, où est le possible et le juste; et la conscience n'est engagée que dans la mesure de l'intelligence. Une certaine indulgence est donc naturelle à de pareilles époques, et même légitime dans l'appréciation des actions politiques. Ce n'est pas avec le rigorisme aveugle des temps où l'autorité est tenue pour sacrée parce qu'elle semble immuable, qu'il faut juger de l'Angleterre après 1640, et même après 1688. *De nobles intérêts, de justes causes, la religion, la liberté, la royauté, l'hérédite, la loi, les droits des peuples, ceux des rois, le bonheur public, la grandeur nationale, tout avait été à la fois mis en jeu, tout avait été divisé, et, entre toutes ces choses graves ou sacrées, il avait fallu faire un choix*[1]. »

Ce que dit si bien M. de Rémusat des révolutions d'Angleterre s'adapte mot pour mot à la nôtre. Il est dans la vie des nations des moments de chaos, des crises suprêmes, où les lueurs même de la conscience varient au souffle des tempêtes; où des hommes de cœur, si dignes de faire cause commune en des temps plus calmes, ont dû faire entre « les choses graves et sacrées, violemment divisées, » le choix que leur imposaient d'invincibles entraînements de naissance, d'éducation, de position. De là des malentendus, des conflits forcés, déplorables, mais

1. M. de Rémusat, *Bolingbroke.*

qui, aux yeux de la postérité impartiale, ont cessé d'être criminels. Des deux côtés, en effet, l'on croyait avoir d'une façon absolue, et l'on avait dans une certaine mesure, la justice et le bon droit. Ainsi, il était équitable et nécessaire qu'en bien des choses les anciennes institutions fissent place à d'autres mieux en rapport avec les nouvelles tendances sociales; que les emplois civils et militaires ne fussent désormais accessibles qu'au mérite sans distinction de naissance; qu'on fît disparaître, en matière d'impôts, des exemptions qui n'avaient plus de raison d'être; qu'aucune contribution ne fût exigée désormais que du libre consentement des représentants de la nation. Mais d'autre part, la révolution surmenée avait dépassé le but par des crimes, par des fautes pires que des crimes, et dans ce cataclysme qui, entre les deux fractions de la société française avait ouvert un abîme, bien des « choses graves et sacrées » demeuraient du côté des royalistes. Et pour n'en citer qu'une, ces brigands de la Vendée, comme on les nommait alors, combattaient surtout pour le principe le plus solennellement proclamé, le plus outrageusement violé par l'autorité révolutionnaire, celui de la liberté de conscience. L'époque de leur levée de boucliers coïncide avec celle où, suivant la courageuse expression d'André Chénier, on pouvait dire qu'en France toutes les religions étaient libres, *sauf une*. Ils devaient succomber toutefois dans cette lutte ouverte, car ils avaient contre eux, sinon la majorité effective, du moins celle des hommes énergiques ; et ils n'auraient pu triompher qu'avec le secours des étrangers, secours mortel pour la France.

Ainsi les républicains de 1793 combattaient à la fois pour le maintien d'innovations nécessaires et pour celui d'utopies prématurées ou impossibles à jamais ; les royalistes, pour le rétablissement non moins impossible de bien des choses irrévocablement sacrifiées, mais en même temps pour le rappel de certains principes conservateurs, sans lesquels aucune société ne saurait vivre. Enfin, pour la consolation de l'humanité, il y eut de chaque côté des hommes ardents, généreux, désintéressés, dévouant avec un empressement héroïque leurs talents et leurs vies, non à des intérêts matériels, mais à des idées. Maintenant un jour nouveau s'est formé

7

de toutes les lueurs confuses qui flottaient dans ce chaos; une expérience tardive a réuni en un faisceau protecteur toutes ces choses graves et sacrées, jadis violemment divisées et entre-choquées. Et voilà pourquoi les sympathies de l'impartiale postérité, planant sur les deux camps, vont sans effort des héros du royalisme à ceux de la République, des d'Elbée et des Bonchamps aux Marceau et aux Kléber.

PIÈCES JUSTIFICATIVES

Nous croyons devoir reproduire intégralement, comme complément indispensable de la campagne de Kléber dans l'Ouest, les deux pièces suivantes, que leur étendue ne nous a pas permis d'intercaler dans le corps du récit. Elles prouvent que ce général connaissait mieux que personne le caractère des guerres civiles de Vendée et de Bretagne, leur situation à cette époque et les véritables moyens de les terminer promptement. Quand on compare ces indications si lucides, si humaines, à ce qui a été fait, on ne peut que regretter vivement que les sages conseils de Kléber n'aient pas été suivis, pour la chouannerie aussi bien que pour la Vendée.

I

Après la journée de Savenay, Kléber était resté à Nantes. Turreau ne l'avait consulté en rien sur les suites de cette guerre, et ne lui avait fait aucune ouverture sur le plan d'opérations. Cependant il apprit des représentants que le projet du général en chef était de faire marcher les troupes de Nantes sur Angers et Saumur, pour les faire entrer par là dans un pays presque soumis, et que l'on aurait dû se borner à surveiller. Il sentit que l'on allait rallumer, dans la haute Vendée, une guerre éteinte; il fut affligé de cette idée; et, pour en prévenir les suites, il rédigea, avec l'adjudant Savary, le plan suivant qui devait être soumis aux représentants, ainsi qu'au général en chef.

Aperçu de nos forces dans la Vendée. — Force des rebelles. — Moyens à employer pour terminer cette guerre.

	hommes.
« De l'armée de l'Ouest aux ordres de Haxo et Dutruy.	6,000
« De l'armée du Nord aux ordres de Bonnaire.	8,000
« A Montaigu.	1,200
« Mortagne et les Herbiers.	3,000
« Saint-Florent.	2,000
« Chollet	3,000
« Beaupréau.	1,800
« Chanteceau	800
« Chemillé.	800
« Jallais.	1,500
Total.	28,100

« On ne comprend point, dans cet état, les troupes de l'armée des côtes de Cherbourg, ni les forces destinées à la garde des villes environnantes, non plus que la division des Pyrénées qui se dirige sur la Vendée et que l'on porte à dix mille hommes. »

Rassemblement de rebelles.

« Il n'en existe plus que deux sur la rive gauche de la Sèvre.

	hommes.
« Le premier, commandé par Charette, peut être de.	3,000
« Le second, commandé par La Cathelinière, de	2,000
« Il n'existe plus sur la rive droite de la Sèvre de rassemblement connu : seulement quelques bandes de gens, la plupart étrangers au pays, parcourent les campagnes pour piller. Supposons-les de.	1,200
Total	6,200

« Il paraît que les rebelles n'ont plus de canons et très-peu de munitions. On ne doit plus les considérer comme formant un corps d'armée contre lequel il soit besoin d'employer de grandes opérations militaires qui, pour les lenteurs que nécessitent les dispositions ordinaires, ne serviraient qu'à prolonger la guerre.

« On doit considérer les rebelles, dans ce moment, comme des hommes qui n'ont d'autre intention que d'échapper, aussi longtemps qu'ils le pourront, à la poursuite de nos troupes, et qui pillent pour vivre.

Moyens à employer pour terminer cette guerre.

« La première réflexion qui se présente est d'éviter, avec le plus grand soin, que nos munitions tombent entre les mains des rebelles. L'expérience ne nous a que trop appris qu'en confiant à de petits postes de l'artillerie et des munitions, l'ennemi s'est approvisionné à nos dépens.

« Une seconde réflexion, c'est que l'ennemi ne tiendra dans aucun poste et qu'il cherchera seulement à enlever nos convois. Connaissant parfaitement tous les sentiers, toutes les issues du terrain qu'il occupe, il se débandera à l'approche de nos troupes pour se réunir à quelque distance de là : c'est ainsi qu'en paraissant et disparaissant tour à tour, il échappera au moment où l'on croira le tenir, et pourra encore longtemps inquiéter le territoire de la Vendée.

« En général, moins il pourra entreprendre, plus il sera difficile de l'atteindre.

« Ces réflexions, si elles paraissent justes, indiquent assez la nécessité de circonscrire l'ennemi dans un espace donné, de l'envelopper, de le resserrer de manière à ce qu'il ne puisse échapper ou se rassembler lorsqu'il sera séparé.

« Un autre objet essentiel est encore de chercher à couper les vivres à l'ennemi, en l'inquiétant et en le harcelant sans cesse; mais il faut surtout gagner la confiance des habitants des campagnes par une exacte discipline des troupes.

« Cela posé, voici comment on conçoit l'exécution :

« 1° Commencer par occuper les portes de Montaigu, Saint-Fulgent, Saint-Florent, la Roche-sur-Yon et la Mothe-Achard, ce qui formerait une enceinte assez étendue autour de Charette et de La Cathelinière. Ces postes auraient de petits détachements de cavelerie pour éclairer le pays et parcourir différentes communes.

« 2° Donner au corps d'armée de Haxo et Dutruy, deux corps de cavalerie, l'un destiné à marcher sur La Cathelinière et l'autre sur Charette. On attacherait à chacun de ces corps quatre à cinq cents tirailleurs qui, se tenant continuellement sur les derrières ou sur les flancs de l'ennemi, lui couperaient les vivres, l'inquiéteraient sans cesse et pourraient avertir de tous ses mouvements.

« Ces dispositions prises, on se mettrait en mouvement avec des baïonnettes et des cartouches.

« Les différents postes, en marchant vers les lieux de rassemblement de l'ennemi, se trouveraient très-rapprochés, de manière à se porter des secours au besoin, tandis que les troupes de Haxo et Dutruy attaqueraient vigoureusement les rebelles.

« Sept à huit mille hommes suffiraient pour une semblable expédition, mais comme il est essentiel d'épargner le sang et les fatigues des troupes, on pourrait employer des moyens plus étendus pour terminer cette guerre cruelle : il existe assez de forces pour cela.

« Ce que l'on vient de dire des moyens à employer sur la rive gauche de la Sèvre, peut s'appliquer aux petits rassemblements qui pourraient se former sur la rive droite; mais pour assigner des postes aux troupes dans cette partie, il est nécessaire de connaître auparavant les principaux points de ces rassemblements. C'est à Chollet qu'il faut déterminer ces mesures.

« En parcourant les différentes communes de la Vendée, il serait bon d'enlever les armes qui peuvent y rester. »

Ces réflexions furent communiquées le 7 janvier au général Turreau, qui, après y avoir jeté un coup d'œil, dit froidement à Savary qui les lui présentait : « *Ce n'est pas là mon plan...* »

Kléber, ne sachant que penser de cette réponse, crut que de nouvelles réflexions produiraient plus d'effet. Voici celles qui furent soumises le lendemain au général en chef et au représentant Gillet :

« Le besoin de terminer promptement la guerre de la Vendée, la saison rigoureuse où nous nous trouvons, les fatigues qu'ont éprouvées nos troupes, la nécessité de leur procurer du repos, les maladies qui les menacent, si la guerre se prolonge; la supériorité de nos forces sur celles de l'ennemi, la surveillance que l'on doit exercer sur les projets du gouvernement anglais et des émigrés qui semblent menacer nos côtes, tout nous impose la loi de marcher à l'ennemi, par la direction la plus courte, et de veiller en même temps à la sûreté de nos côtes.

« Je suppose maintenant qu'il existe deux partis dans la Vendée, l'un sur les bords de la mer, du côté de Machecoul, Beauvoir, les Sables, etc., et l'autre sur la rive droite de la Sèvre du côté de Châtillon.

« Il n'est pas douteux que c'est d'abord du côté de la mer qu'il faut porter ses principales forces; car, si les Anglais tentaient une descente sur cette partie, les rebelles en deviendraient plus entreprenants, plus audacieux. Il faudrait accourir de loin avec de nouvelles forces, et peut-être la guerre ne serait-elle pas terminée de longtemps.

« Il est encore une autre considération importante : c'est que s'il existe, en effet, un rassemblement de quelques centaines d'hommes du côté de Châtillon, il faut empêcher qu'il ne se réunisse à l'armée de Charette, dans l'intention, peut-être, de favoriser une descente sur nos côtes.

« Il s'agirait donc de déterminer la direction d'une

forte colonne qui pût réunir tous les avantages à la fois, savoir :

« 1° Concourir à la destruction de Charette.

« 2° Porter des secours sur les côtes en cas d'attaque.

3° Empêcher les rassemblements de la rive droite de la Sèvre de se réunir à Charette, et se porter promptement à Mortagne, Chollet, Châtillon, s'il est nécessaire.

« Cette direction est celle de Montaigu et Saint-Fulgent, ainsi qu'on l'a déjà dit. Cette position intermédiaire, entre les rassemblements des Vendéens, semble offrir les plus grands avantages dans la circonstance. Deux journées de marche suffisent pour se porter sur les côtes de la mer, ou sur la rive droite de la Sèvre, à Chollet et à Châtillon. Une colonne, placée dans cette position importante, peut être considérée comme une réserve destinée à poursuivre l'ennemi attaqué par les forces de Haxo ou par celles de Chollet, et à lui couper la retraite.

« Il semble que l'on a de grands moyens pour exécuter ce plan :

« 1° La division du Nord pourrait se porter à Montaigu.

« 2° Le poste de Chantonay, supposé de quatre à cinq mille hommes, s'avancerait à Saint-Florent, à l'embranchement des deux grandes routes des Herbiers aux Sables, et de Chantonay à Nantes, poste appelé le Camp de l'Oie.

« 3° Si la division des Pyrénées est à Niort, elle serait dirigée sur Saint-Fulgent.

« Mais dans tous les cas possibles, il serait à propos de placer la division du Nord à Montaigu, et de le faire promptement.

« Dans l'état actuel des choses, il faut aller attaquer l'ennemi directement où il est, et placer des forces actives dans des points intermédiaires, de manière à l'empêcher de parcourir toute la Vendée, en fuyant devant les troupes qui l'attaqueront.

« Il ne faut pas croire que l'on puisse réussir à terminer cette guerre en dirigeant les mouvements aux deux extrémités de la Vendée. Il est impossible d'embrasser avec nos forces la vaste enceinte de ce territoire : il n'en résulterait qu'une perte de temps considérable et des marches inutiles. Il en résulterait peut-être encore que l'on forcerait tous les paysans de l'intérieur, qui ne demandent plus que la paix, à se réunir en masse, et l'on verrait une nouvelle armée se former dans la Vendée[1]. Attaquons promptement les rassemblements connus; détruisons-les, protégeons le pays, et tout rentrera dans l'ordre. »

Ces réflexions eurent auprès du général le même sort que les premières. Kléber en fut effrayé; il alla avec Savary, chez le représentant Gillet, où se trouvait Carrier : il s'expliqua franchement sur les

1. Ce fut précisément ce qui arriva.

avantages que présentait le plan proposé au général, et sur les suites terribles qui pouvaient résulter du renouvellement d'une guerre générale, en reportant les troupes à Angers et Saumur. Il finit par dire que s'il était le maître de diriger les opérations, il pourrait répondre sur sa tête de rétablir bientôt le calme et la tranquillité dans ces malheureuses contrées. Qu'eût dit Kléber, s'il eût su alors que le plan de Turreau était de détruire la Vendée de fond en comble, sous le prétexte, toujours annoncé, d'une promenade dans le pays ?

Les représentants parurent persuadés de la vérité du raisonnement de Kléber, mais il leur était défendu par les dernières instructions du Comité du salut public, de se mêler en aucune manière des mouvements de l'armée ; ils se bornèrent à en faire l'observation.

Kléber connaissait bien la situation de la Vendée à cette époque ; il devait cet avantage à la confiance qu'il avait inspirée dans le pays. Ce qu'il craignait, ce qu'il avait annoncé, arriva ; on peut en juger par ce passage du mémoire justificatif de l'adjudant général Hector Legros :

« Turreau, dit Legros, a apporté dans la Vendée le brandon qui a allumé la seconde guerre vendéenne. A son arrivée dans la Vendée tout commençait à jouir d'une paix profonde. Je partis moi-même de Nantes pour Chollet, vers la fin de novembre 1793, avec quatre ordonnances seulement; tout était peuplé d'allants et de venants sur la route.

« Les chemins de Chollet à Saumur, Clisson, Saint-Florent, Mortagne et Montaigu étaient également sûrs. L'ordre de marche de douze colonnes, le fer et la flamme à la main, a excité une commotion générale dans toute la Vendée, et forcé à la révolte ceux même qui n'avaient pris aucune part à la première guerre. »

II

Chouannerie.

Le général Kléber au général Rossignol.

Vitré.

« Le noyau des chouans, réuni d'abord dans la forêt du Pertre, s'est augmenté successivement des débris de l'armée catholique dispersée dans les affaires du Mans et à Savenay, des réquisitionnaires de trente-une communes de la Mayenne et d'Ille-et-Vilaine, enfin des déserteurs des communes du Morbihan, des Côtes-du-Nord, etc.

« Ils forment dans ces contrées deux hordes de quatre à cinq cents hommes chacune, armés de fusils, connaissant parfaitement le pays, coupé de fossés, de haies et de bois, au point de ne présenter au premier aspect qu'une vaste forêt : évitant nos troupes quand ils s'imaginent avoir sur elles cet avantage. Ce sont des hordes qui ont été battues le 11, près Bougon et Boisblin.

« L'autre partie, disséminée çà et là sur une grande surface, mendie ou travaille le jour, se livre la nuit au brigandage, forme pour ainsi dire toute la population du territoire, vit en s'emparant dans les métairies du pain et des vivres de toute espèce qui s'y trouvent, se munit de passe-ports délivrés par la malveillance ou arrachés par la force, et évite ainsi les recherches les plus exactes.

« En général, le pays offre aujourd'hui le même aspect que la Vendée. Les villages sont déserts, quoique remplis de subsistances, les maisons sont fermées, et les hommes qui, comme je l'ai dit, semblent travailler le jour au labourage, se réunissent la nuit aux brigands.

« Au surplus, partout des autorités constituées malveillantes ou faibles, laissent prendre à la révolte un caractère alarmant; partout le fanatisme, poussé à son comble, lui donne à la fois l'énergie qui se bat et l'entêtement qui ne se corrige jamais. On sent assez que des prêtres et des nobles dirigent eux seuls tous ces mouvements.

« D'après cela, il est évident qu'on ne terminera pas cette guerre sans de vastes mesures sagement combinées. Ce ne serait pas aux moyens d'incendie qu'il faudrait recourir, parce que le spectacle des villages en cendres ne pourrait qu'ajouter à l'aigreur des esprits déjà agités, et que d'ailleurs ce serait, dans l'état actuel des choses, une perte réelle pour la république que celle de la récolte d'un aussi vaste pays.

« Quant aux dispositions qui tiennent à la guerre et qui sont du ressort des généraux ; des cantonnements distribués avec art et intelligence, une force sans cesse agissante, des patrouilles fréquentes et nombreuses, un désarmement complet des communications à établir, des perquisitions simultanées, des attaques dirigées avec un grand ensemble, sont celles que j'ai employées jusqu'ici avec succès, et qui peuvent seules finir une malheureuse guerre pour laquelle il n'y a pas un moment à perdre, tant à cause de l'accroissement qu'elle peut prendre et l'importance qu'elle peut acquérir, que de la difficulté qu'elle présenterait si les blés devenaient assez élevés pour ajouter à l'aspérité du pays, et pour y multiplier les abris, à l'aide desquels les brigands se défendent ou attaquent. »

LIVRE DEUXIÈME

ALLEMAGNE

(1794-96)

ALLEMAGNE

(1794-96)

I

La première action d'éclat par laquelle Kléber signala sa présence sur la frontière belge fut l'heureuse diversion qu'il opéra le 23 mai, à la tête d'une division de 12,000 hommes, en faveur de l'armée des Ardennes, gravement compromise au delà de la Sambre. Il parvint à la dégager et assura sa retraite en reprenant sur l'ennemi le pont de Solre. Dans cette affaire trop peu connue, Kléber avait pour adversaire son ancien protecteur, le prince de Kaunitz.

Peu de jours après, l'armée de la Moselle vint rallier celle des Ardennes ; on leur adjoignit l'aile droite de l'armée du Nord, dont la division

Kléber faisait partie. Toutes ces troupes, réunies sous le commandement de Jourdan, qui avait pour chef d'état-major le général Ernouf, prirent le nom, resté si justement fameux, d'armée de Sambre-et-Meuse. Cette armée comptait, parmi ses généraux divisionnaires, Kléber, Desaix, Marceau, Championnet, Bernadotte, Grenier, Collaud, Lefebvre : et, dans les grades inférieurs, d'autres officiers dont la fortune militaire ne devait pas être moins éclatante, les chefs de brigade Soult et Davoust; les adjudants généraux Ney, Richepanse, Mortier, Molitor, Duhesme, Maison, Friant; le commandant de cavalerie d'Hautpoul; les officiers du génie Marescot et Boisgérard, et tant d'autres, que la mort arrêta au début ou dans le cours d'une brillante carrière. Pendant toutes nos grandes guerres, aucune armée ne se fit plus remarquer que celle-là pour la sévérité de la discipline, comme pour l'union cordiale qui régna longtemps parmi les chefs. Il y avait là de vrais frères d'armes, et non des frères ennemis. Cette disposition des esprits, que Napoléon ne put maintenir plus tard dans ses armées, tenait surtout aux qualités personnelles de Jourdan, à l'influence morale qu'il exerçait sur ses officiers, non par la supériorité du talent, mais par la bienveillance, la loyauté, la probité antique, qui faisaient le fond de son caractère. Parmi ces guerriers d'élite, qui parvinrent presque tous aux plus hautes fonctions militaires, et dont l'un même devint et mourut roi, il n'en est aucun qui ne se soit rappelé avec émotion, jusque dans ses derniers jours, le temps où il faisait partie de la « grande famille » de Sambre-et-Meuse.

Le tableau complet des exploits de cette armée, si glorieuse dans la victoire et même dans les revers, sera mieux à sa place dans une étude spéciale que nous nous proposons de consacrer à son chef. Nous devons aujourd'hui nous borner à rappeler succinctement la part que prit Kléber aux principales opérations. Dès le 20 juin 1794, pendant le siége de Charleroi, nous le voyons repousser victorieusement une diversion partielle tentée par le prince d'Orange, et le rejeter au delà de Genappe. Il remplit ensuite un rôle important dans la grande bataille de Fleurus (26 juin), qui nous valut l'occupation de la Belgique, et exonéra pour longtemps la France des terreurs de l'invasion. L'armée française était, comme on sait, rangée en demi-cercle, ses deux extrémités appuyées à la Sambre, autour de Charleroi, et l'ennemi livrait bataille pour délivrer cette place, ignorant qu'elle était déjà en notre pouvoir. Kléber, qui commandait notre gauche, empêcha, par d'habiles manœuvres et la judicieuse disposition des batteries, les progrès des Autrichiens à cette extrémité de notre ligne de bataille. Il paralysa de ce côté, pendant toute la durée de l'action, une portion notable des forces ennemies, et contribua ainsi au succès de la journée. Toutefois, il est juste de rappeler que la cause immédiate de la victoire fut la résistance opiniâtre de Lefebvre dans la position de Lambusart à notre droite, résistance qui permit à Jourdan de le soutenir et de rétablir son centre d'abord forcé par l'ennemi [1].

1. La plupart des récits de la bataille publiés jusqu'à ce jour sont incomplets ou entachés de graves inexactitudes, sans en excepter celui de M. Louis Blanc. Cet historien a cependant eu à sa disposition une relation écrite ou dictée par Jourdan lui-même, mais longtemps après les événements, et en grande partie de mémoire. L'étude que nous nous proposons de consacrer à l'ar-

Marceau avait recouvré en même temps que Kléber les bonnes grâces du gouvernement révolutionnaire, et fut également employé comme divisionnaire à l'armée de Sambre-et-Meuse. Ses débuts n'y furent pas plus heureux qu'en Vendée. A Fleurus, sa division, qui formait l'extrême droite, était presque entièrement composée de nouvelles recrues, qui lâchèrent pied au commencement de la bataille. Il arriva littéralement tout seul auprès de Jourdan, dans un état d'exaltation effrayant, se croyant déshonoré par cette débandade : Jourdan, Ernouf, Championnet, Kléber lui-même ne pouvaient venir à bout de le calmer. Ce ne fut qu'à la fin de la journée, quand Lefebvre eut fait revivre, par sa fermeté héroïque, nos chances de victoire, que Marceau put rallier une partie de ses soldats. Quelques semaines après, ces mêmes recrues, naguère si timides, se soutenaient au feu avec l'aplomb de vieilles troupes.

Kléber concourut à la plupart des conquêtes qui furent la conséquence immédiate de cette

mée de Sambre-et-Meuse sera rédigée d'après les lettres contemporaines, écrites par Jourdan lui-même à ses divisionnaires.

grande journée. Après avoir occupé Mons, il délogea les Autrichiens d'une position très-forte en avant de Louvain, et s'empara de cette ville à la suite d'un combat acharné, qui se prolongea jusque dans les rues. Cette occupation, combinée avec celle de Namur par les divisions de l'aile droite, compromettait la ligne de retraite des Autrichiens, et les sépara de l'armée anglo-hollandaise. Après le glorieux combat de la Chartreuse (18 septembre), qui força les Autrichiens à se replier sur Juliers, Kléber, avec 30,000 hommes, fut chargé de l'investissement de Maëstricht. Mais il fit comprendre à Jourdan que le siége de cette place ne pouvait être que difficile et même dangereux, si on laissait l'ennemi si près de là, en position autour de Juliers, et maître du cours de la Roër. Jourdan rappela donc à lui une partie des troupes destinées au siége; le 2 octobre, il remporta sur les Autrichiens une victoire qui les contraignit à se retirer au delà du Rhin, et qui entraîna la prise de Juliers. Cette journée, la plus glorieuse de toutes celles de Jourdan après Fleurus, est connue sous le nom de bataille d'Aldenhoven. Kléber commandait encore cette fois la gauche de l'armée; il avait su animer ses soldats d'une telle ardeur, qu'on les vit, impatients du délai nécessaire pour la construction d'un pont, passer la Roër à la nage, et forcer du même élan les retranchements ennemis sur l'autre rive. Après cette victoire, Kléber se consacra tout entier au siége de Maëstricht, et trente-trois jours plus tard, il était maître de cette place, l'une des plus fortes et des mieux approvisionnées de l'Europe. Ce fait d'armes accompli dans une saison qui compliquait encore les difficultés, fit le plus grand honneur à Marescot, chargé de la direction immédiate des travaux. Maëstricht succomba après onze jours de tranchée ouverte. Marescot, qui a écrit une relation complète de ce siége, avait calculé qu'au point où en étaient les choses le 4 novembre, la garnison, d'après toutes les règles de l'art, avait encore à fournir quatre jours de résistance. Sa reddition anticipée fut, pour l'illustre ingénieur, le sujet d'un vif désappointement scientifique, dont s'égayèrent longtemps ses compagnons d'armes.

Cette brillante campagne fut suivie, pour l'armée de Sambre-et-Meuse, d'une période d'inaction qui se prolongea jusqu'au mois de septembre de l'année suivante. Dans cet intervalle, Kléber dut à la constante amitié de Merlin de Thionville, une faveur dont il se serait bien passé. Pendant l'hiver de 1795, l'armée dite du Rhin, cantonnée devant Mayence, sous le commandement du général Michaud, était censée faire le siége de cette place, bien qu'il fût assez difficile de dire lequel des belligérants était en réalité l'assiégé. Merlin, qui avait vu Kléber à l'œuvre, était convaincu et répétait que celui qui avait su si bien défendre Mayence était seul capable de la reprendre. Vers la fin de mars, une blessure grave reçue par Michaud l'ayant obligé de solliciter immédiatement un successeur, Merlin fit si bien que ce commandement fut confié à Kléber. La lettre suivante, adressée par celui-ci en réponse aux félicitations du général Ernouf, son intime ami, montre combien il était peu flatté de cette nomination :

« Je suis, mon camarade, bien affligé de devoir quitter une armée où la victoire, l'amitié et la concorde paraissent s'être fixées à jamais. J'y reviendrai, mon cher Ernouf, j'y reviendrai, et je n'accepte nullement ton augure. Il est fortement arrêté dans mon cœur que je ne me chargerai jamais d'un fardeau qui sera au-dessus de mes forces, et c'est à moi à les connaître, à les apprécier. Nous nous reverrons donc, et le jour où nous nous reverrons, nous prendrons ensemble une *pile* solide ; tu peux déjà t'y préparer[1]. »

Nous retrouvons bien là Kléber tel que Bonaparte et Marmont l'ont dépeint, « ayant autant de répugnance à commander que de difficulté à obéir. » Il est vrai que jamais répugnance ne fut plus raisonnable. Kléber savait d'avance, et par sa propre expérience, que l'on ne pouvait s'emparer de Mayence à moins d'un investissement complet par les deux rives. Il aurait donc fallu préalablement être en situation de livrer bataille à l'ennemi qui, maître de Castel, pouvait ravitailler et renouveler incessamment la garnison. Or, l'armée confiée à Kléber était trop peu nombreuse et en trop mauvais état pour entreprendre une pareille opération. Obligé de

1. Dans une autre lettre adressée à Jourdan, Kléber exprimait plus vivement encore le regret de cette séparation, dont il avait « pleuré comme un enfant. »

se tenir strictement sur la défensive, Kléber rendit compte au gouvernement des motifs qui l'empêchaient d'agir. Cette situation se prolongea jusqu'à l'arrivée de Pichegru, nommé général en chef des armées combinées de Rhin et Moselle, et Kléber, qui, pendant tout ce temps, n'avait cessé de conjurer ses amis de le « tirer de là, » fut renvoyé, au gré de ses vœux, à l'armée de Sambre-et-Meuse, prête alors à reprendre l'offensive. Jourdan se garda bien de restreindre Kléber au commandement d'une seule division; il lui confia toute l'aile gauche, chargée de franchir le Rhin sur deux points, au-dessus et en face même de Dusseldorf, et de s'emparer de cette place, dont l'occupation assurait un débouché au reste de l'armée. Cette entreprise est une des plus hardies qui aient été accomplies pendant tout le cours de nos grandes guerres. Pour ne pas essuyer de désastre, il fallait réussir à la fois sur deux points. Au-dessus de Dusseldorf, on escamotait les premières difficultés du débarquement en atterrissant à la portion neutre du rivage, et prenant à revers l'extrémité des retranchements ennemis. Mais, en face de la ville, rien n'atténuait les dangers du passage. Il s'agissait de franchir un fleuve rapide, d'une largeur considérable, obstrué par des bancs de sable qui contraignaient les barques à faire de nombreux circuits, sans compter le danger, plus terrible encore, de demeurer engravé sous le feu de l'ennemi. De plus, on ne disposait que d'un petit nombre d'embarcations, qui ne pouvaient porter plus de 600 hommes à la fois. Il fallait, dans de telles conditions, enlever d'un premier élan Dusseldorf, sous peine de voir détruire l'autre troupe de débarquement, et cette place était fortifiée, protégée par une citadelle munie d'une artillerie formidable, et par un camp retranché, que défendaient 12 à 15,000 Autrichiens. Kléber savait tout cela, et, néanmoins, ce fut lui qui conseilla l'entreprise et se chargea de l'exécuter. Il jugea que cet obstacle n'avait rien d'absolument insurmontable pour des Français, surtout pour de tels Français, surexcités par la mémoire de leurs précédents exploits, par l'impatience d'une longue inaction. Il fit entrer aussi, comme élément de succès dans ses combinaisons, la faiblesse morale des troupes palatines qui garnissaient la place, et l'influence que devait exercer sur leurs résolutions la crainte de voir la ville détruite par les batteries françaises de la rive gauche. La nuit désignée était celle du 4 au 5 septembre ; au dernier moment, un clair de lune trop splendide vint augmenter encore la difficulté de l'opération, et le général en chef envoya un ordre d'ajournement auquel Kléber refusa énergiquement de déférer. Il sentait venir à lui la victoire ! Tout s'exécuta suivant ses ordres, et tout s'accomplit comme il l'avait prévu. Les soldats de la division Championnet franchirent sans grande perte le Rhin embrasé des feux de la guerre, et pénétrèrent, sans désemparer, à travers les retranchements autrichiens, jusque sur les glacis de Dusseldorf, dont la garnison, terrifiée, mit immédiatement bas les armes.

Cette campagne si bien commencée ne tarda pas à être gravement compromise par l'inaction perfide de Pichegru. L'investissement de Mayence par la rive droite avait été confié à Kléber, celui de la forteresse d'Ehrenbreitstein, en face Coblentz, à Marceau ; mais l'artillerie et les outils nécessaires leur firent défaut, et ensuite les subsistances. Bientôt Jourdan, que l'immobilité, aujourd'hui trop bien expliquée, de l'autre armée, laissait seul exposé aux attaques d'un ennemi très-supérieur, fut contraint d'aller reprendre ses premières positions sur l'autre rive. Dans ce mouvement rétrograde, Kléber dirigeait l'aile droite, qui repassait par le pont de bateaux établi à Neuwied. Il arriva, dans cette circonstance, un accident assez semblable à celui du pont de l'Elster en 1813, et qui sans Kléber aurait pu avoir des conséquences non moins désastreuses. Marceau, qui fermait la marche, avait reçu l'ordre d'incendier en se retirant toutes les embarcations qu'on avait pu réunir sur la Lahn et le Rhin, pendant le blocus d'Ehrenbreitstein. Cette mesure, conforme aux règles de la guerre, avait pour but d'interdire à l'ennemi l'accès de l'autre rive, et d'accélérer en temps utile la destruction du pont de Neuwied, quand toutes nos troupes auraient passé. Malheureusement, l'officier du génie chargé d'exécuter cet ordre calcula mal son temps, ne tint pas suffisamment compte de la rapidité excessive du Rhin dans cette partie de son parcours, si bien que, par l'effet de la dérive, tous ces bateaux vinrent s'amonceler et mettre le feu au pont de Neuwied, quand une partie de nos troupes était encore sur la rive droite! Marceau, s'accusant de cet événement et des suites qui semblaient inévitables, voulait se brûler la cervelle. Il en fut empêché d'abord par un de ses aides de camp, qui lui arracha le pistolet des mains, et les exhortations énergiques et amicales de Kléber, qui arriva presque aussitôt, l'empêchèrent de réitérer cette tentative. Tous deux firent faire volte-face à la division Championnet qui formait l'arrière-garde, la reportèrent au delà du ruisseau de Seyn, et, par l'énergie de leur attitude, continrent l'ennemi pendant les trente heures de délai nécessaires pour réparer le pont.

Cet incident dramatique des campagnes de Sambre-et-Meuse fit ressortir vivement l'une des plus éminentes qualités de Kléber; la fermeté, le sang-froid dans le plus extrême péril. Celui-ci était d'autant plus grave que toute l'artillerie avait pris les devants. Les parcs étaient déjà de l'autre côté du fleuve, et toute cette arrière-garde n'avait plus qu'un très-petit nombre de cartouches. Kléber comptait avec raison sur l'excessive circonspection des Autrichiens, qui, surpris de ce brusque arrêt au milieu d'un mouvement de retraite prononcé, crurent à quelque piége, et n'osèrent brusquer l'attaque. Kléber, Marceau et Championnet voulurent rester des derniers sur la rive gauche. Les soldats criaient en défilant devant eux : « Vivent nos généraux ! Ils ne nous abandonnent pas ! »

Ce retour de l'armée de Sambre-et-Meuse fut suivi d'une vigoureuse reprise d'offensive, dont le but était de dégager l'autre armée, maltraitée et en pleine retraite sur la rive gauche du Rhin. Pichegru, qui s'était arrangé pour cela, se serait bien passé de cette diversion. Elle fit honneur à la générosité de Jourdan et aux talents de Marceau, qui grandissait chaque jour dans l'opinion de ses collègues et dans celle de l'ennemi. Ce jeune général soutint presque toujours avec avantage la lutte contre des forces très-supérieures. Pendant ce temps, d'autres troupes autrichiennes faisaient de grands préparatifs pour forcer, au-dessous de Coblentz, le passage du Rhin, défendu par Kléber, et l'on s'attendait de ce côté à de graves événements, quand tout à coup, à la grande surprise de Jourdan et de Kléber, le général en chef autrichien proposa un armistice. Au point de vue militaire, cette démarche était vraiment inconcevable de sa part. On découvrit plus tard son but réel, qui était de favoriser la contre-révolution militaire que promettait et méditait alors Pichegru, et qu'il n'osa toutefois exécuter, craignant, non sans raison, le sort de Dumouriez.

II

Pendant tout l'hiver et une partie du printemps de 1796, les officiers des armées de Sambre-et-Meuse et du Rhin crurent que cet armistice était le préliminaire d'un arrangement définitif. Au commencement d'avril encore, Kléber, dont le quartier général était établi à Crevelt, écrivait à Ernouf : « Plusieurs lettres arrivées de Francfort, mon cher camarade, annoncent positivement que la paix générale est conclue et signée. Puisse cet heureux événement se réaliser ! » ajoutait sagement Kléber. Plusieurs autres lettres, précieux témoignage de l'intimité de ce grand homme avec mon aïeul, nous apprennent que Kléber, qu'on a représenté quelquefois comme s'engourdissant volontiers dans le repos, travaillait alors sans relâche à la rédaction de son journal militaire. A l'époque de sa nomination au commandement en chef du blocus de Mayence, il écrivit à Ernouf : « Je laisse ici (à Cologne), sous la surveillance de Duhesme, à un dessinateur d'ici, le plan des différentes positions occupées par mon aile depuis le commencement de la campagne (celle de 1794) jusqu'après le siége de Maëstricht. Marceau étant avec moi depuis deux jours, je n'ai rien pu faire à mon journal. » (1er frimaire an III.) Dans l'intervalle des campagnes de 1795 et 1796, il revient à son occupation favorite :

« Je t'ai laissé mes notes sur l'organisation de l'armée, tu les as sûrement parcourues, veuille donc bien me les renvoyer. Je te prie également d'y joindre les dessins des marches que nous avons faites et des positions que nous avons occupées sur la rive droite du Rhin, particulièrement les quatre divisions de gauche. Ce serait là un grand acte de complaisance de ta part, et je le regarderais comme une preuve de ton attachement pour moi. Tu m'as promis aussi les plans de quelques places fortes, telles qu'Ehrenbreitstein, Luxembourg, Maëstricht, etc. Tu pourrais, en me les envoyant, augmenter la masse des obligations que j'aime à te devoir. »

Le début de la nouvelle campagne fut encore plus brillant que celui de la précédente, et l'honneur en revint tout entier à Kléber. D'après le plan imposé par Carnot aux généraux des deux armées françaises, Jourdan et Moreau, le premier devait prendre vigoureusement l'offensive sur la rive droite, en débouchant de Dusseldorf, pour forcer l'ennemi à distraire une partie notable de ses troupes de la rive gauche, et faciliter ainsi le passage du fleuve à Moreau. Kléber s'acquitta admirablement de cette tâche avec les divisions Collaud et Lefebvre. Il culbuta les avant-gardes ennemies postées sur la Sieg, battit complétement le prince de Wurtemberg à Altenkirchen, le 4 juin, s'empara de ces magasins et le rejeta au delà de la Lahn. Cette journée, où par la précision de ses mesures et leur exécution vigoureuse, il obtint un avantage marqué sur un ennemi aguerri et supérieur en nombre, compte parmi les plus glorieuses de Kléber.

Ces premières opérations avaient rempli parfaitement leur but, en forçant l'archiduc Charles de se porter au secours de son aile droite. En s'avançant jusqu'à la Lahn, Kléber avait dégagé le passage par Neuwied; Jourdan en avait profité pour jeter sur la rive droite une grande partie de ses troupes. Tous ces mouvements avaient eu lieu avec une telle célérité, que, le 13 juin, nous étions encore beaucoup plus forts que les Autrichiens sur la Lahn, et mieux préparés à poursuivre l'offensive. Si, ce jour-là, Kléber avait commandé en chef, l'aile droite de l'ennemi aurait été écrasée avant l'arrivée de l'archiduc et des renforts qu'il amenait en toute hâte. Un tel succès eût dignement fait écho à ceux qu'obtenait alors l'armée d'Italie. Jourdan hésita au moment décisif, et perdit là l'occasion d'une brillante victoire. Il remit l'attaque au 17; mais, dès le 15, l'avantage du nombre passait du côté de l'adversaire, et Jourdan, se jugeant gravement compromis, se retira par où il était venu. Il prescrivit à Kléber de rétrogader pareillement sur la Sieg, mais en « se tenant prêt à reprendre l'offensive s'il s'apercevait que l'ennemi affaiblissait ses forces devant lui » pour les reporter contre Moreau. Kléber obéit, mais lentement et de mauvaise grâce. Il regrettait vivement la belle occasion perdue et s'attendait presque à la voir renaître, d'après les termes de l'ordre de retraite. Cette considération, dont Jourdan n'a pas assez tenu compte dans ses *Mémoires*, retint Kléber un jour entier dans la forte position d'Uckerad, où il fut attaqué le 19 juin. Il y eut là un choc furieux et indécis entre Kléber et Kray, deux adversaires dignes l'un de l'autre[1].

A propos de cet engagement, Kléber reçut en particulier, de Jourdan, des reproches qui lui furent extrêmement sensibles. Divers incidents accrurent encore son mécontentement dans la seconde partie de la campagne, quand l'armée

1. La partie des *Mémoires* de Jourdan relative à cette campagne de 1796 est depuis longtemps publiée, en réponse aux critiques de l'archiduc Charles sur les opérations de l'armée française. Cette relation, écrite avec beaucoup de modération et d'impartialité, est néanmoins incomplète sur quelques points. Elle prouve bien que Jourdan, sans contredit le plus honnête homme de son armée, n'en était pas le plus habile général.

reprit effectivement l'offensive après le passage du Rhin par Moreau. En poussant l'ennemi sur le Mein, Kléber, qui dirigeait toujours l'aile gauche, avait devant lui la meilleure partie des forces autrichiennes. Il obtint sur elles un premier avantage à Butzbach, le 9 juillet, et, le lendemain, à Friedberg, un succès encore plus marqué, succès qui aurait influé puissamment sur le destin de la campagne, si Kléber avait disposé de troupes plus nombreuses. Jourdan a reconnu lui-même, avec une louable franchise, « qu'il avait eu tort de ne pas renforcer suffisamment sa gauche ; qu'il aurait dû marcher lui-même, avec deux divisions, en seconde ligne de Kléber. » Celui-ci sentait encore plus vivement la valeur de cette nouvelle occasion manquée, et, suivant son habitude, il se gênait assez peu pour dire ce qu'il en pensait. Sa mauvaise humeur s'augmenta encore, quelques jours après, quand il se vit blâmé par les tacticiens du Luxembourg, d'avoir accordé une suspension d'armes de quarante-huit heures pour l'évacuation de Francfort. « En refusant ce délai, dit avec raison Jourdan, Kléber se serait trouvé dans la nécessité de continuer un bombardement qui eût causé la ruine d'une ville riche et populeuse, et le temps qu'exigeaient les préparatifs d'une attaque de vive force se serait certainement prolongé au delà du terme où la suspension d'armes expira. »

Tandis que l'armée suivait les Autrichiens dans leur retraite calculée, une grave indisposition força Jourdan de remettre pendant quelques jours le commandement en chef à Kléber. Pendant cet intérim, qui, malheureusement, ne dura que cinq jours, Kléber s'empara de Bamberg ; attaqua, le 8, l'ennemi à cheval sur la Rednitz, et l'obligea d'accélérer son mouvement rétrograde. L'occupation de Forcheim et celle de Nuremberg furent la conséquence de ce combat. Le même soir, Jourdan reprit le commandement, et Kléber, indisposé à son tour, se retira sur les derrières de l'armée. Il est probable que cette maladie était plutôt morale que physique. Kléber blâmait l'excessive docilité de Jourdan aux instructions du Directoire. Il n'augurait rien de bon de cette poursuite précipitée à travers les parages alternativement montueux et marécageux de la Franconie, qui, sous plus d'un rapport, lui rappelaient la Vendée. La maladie de Kléber dura autant que la marche qu'il improuvait. Mais il se trouva guéri tout à coup quand ses prévisions se réalisèrent, quand l'archiduc Charles, répétant, à vingt siècles d'intervalle, la belle manœuvre du consul Claudius Nero contre le frère d'Annibal, reporta contre Jourdan, témérairement engagé sur la Nab, une partie des forces précédemment opposées à Moreau. Kléber reparut à son poste au moment critique, et prit part à cette retraite trop peu vantée, que Carnot, le véritable auteur de tous nos revers, ne rougit pas de qualifier de *misérable reculade*. Cette marche rétrograde s'accomplit presque sans pertes, à travers un pays difficile, en présence d'un ennemi très-supérieur en forces, manœuvrant sur un terrain qui lui était connu, et parmi des populations qui le secondaient de tout leur pouvoir. Mais, dès que l'armée atteignit les rives du Mein, et qu'elle se trouva comparativement en sûreté, Kléber éprouva de nouveau le besoin de « soigner sa santé. » La vérité est qu'il désapprouvait encore la résolution courageuse, mais imprudente, du général en chef, qui ne voulait pas abandonner la ligne du Mein sans tenter le sort des armes.

Plusieurs autres officiers généraux partageaient les appréhensions de Kléber, qui ne furent que trop justifiées par la bataille de Wurtzbourg.

La fin de cette campagne fut particulièrement douloureuse pour Kléber, par la mort de Marceau, son élève et son ami le plus cher. On sait que ce jeune général, objet d'une admiration universelle pour ses talents et ses qualités sympathiques, fut mortellement blessé au moment où il disputait pied à pied le terrain à l'ennemi, en couvrant avec sa seule division la retraite définitive de l'armée. Suivant sa trop constante habitude, il se tenait de sa personne au lieu le plus exposé, en avant des dernières troupes qui se retiraient. Il était à cheval, précédant de quelques pas un petit groupe où se trouvaient quelques officiers supérieurs de sa division, et un jeune officier d'ordonnance qui venait d'arriver de l'état-major général. Marceau, immobile, sa lorgnette à la main, cherchait à se rendre compte des mouvements et des dispositions de l'ennemi qui nous suivait de près. Ce fut dans ce moment qu'un tirailleur croate, embusqué à cinquante pas de là derrière un buisson isolé, l'ajusta à loisir, et l'atteignit en pleine poitrine.

Il s'affaissa, mortellement atteint ; ses compagnons, consternés, s'empressèrent autour de lui ; l'un d'eux, apercevant le meurtrier qui s'enfuyait, courut après lui à toute bride, et l'abattit d'un coup de pistolet. Ces Croates portaient alors des carabines et des sabres droits, dont la poignée se terminait par une sorte de fourchette. Quand ils avaient occasion de tirer, ils piquaient le sabre en terre, appuyaient sur cette fourchette le canon de l'arme à feu, et cet affût improvisé donnait à leur tir une précision redoutable. Ce fut ainsi que Marceau fut frappé [1].

Cette mort fut un coup de foudre pour l'armée entière. Jourdan, Kléber, Championnet, Bernadotte, Ernouf et plusieurs autres généraux accoururent auprès de leur jeune camarade, qu'on avait transporté dans une maison de paysan. On ne pouvait l'enlever de là sans

1. L'officier d'ordonnance présent à cette scène était mon père, qui me l'a souvent racontée.

Mon aïeul, général de division depuis 1793 et chef d'état-major général, avait appelé auprès de lui son fils à l'armée de Sambre-et-Meuse. Celui-ci servit ensuite, pendant toute la période de nos grandes guerres, sous les ordres de Soult, de Lefebvre et de Grenier. Il est mort général de brigade en 1848.

avancer de quelques heures une mort d'ailleurs inévitable. Déjà toutes les troupes françaises avaient repassé sur la rive gauche. Il fallut abandonner le mourant, en le recommandant à l'humanité des Autrichiens. Peu d'instants après le départ des généraux français, le général Kray, commandant de leur avant-garde, et l'un de nos plus dignes adversaires, parut à son tour auprès de Marceau; il le fit soigner par son propre chirurgien, comme il eût fait pour un de ses propres officiers; en lui parlant, il ne pouvait retenir ses larmes. Les funérailles de Marceau sont un des plus beaux souvenirs de l'histoire de nos grandes guerres. De nombreux détachements de l'élite des deux armées figuraient à cette touchante cérémonie, qui avait attiré un immense concours de peuple. Une émotion sincère, profonde, se lisait sur tous les visages; les Français et les Allemands, oubliant pour un jour leurs discordes, s'unissaient pour pleurer cette brillante destinée fauchée en pleine fleur. On vantait la sagesse de Marceau dans les conseils, son intrépidité dans le combat, sa sollicitude pour le bien-être du soldat, sollicitude qui s'étendait au sort de l'ennemi prisonnier, à celui de l'habitant inoffensif. L'histoire militaire ne présente pas d'autre exemple d'un général qui ait su se faire aimer, regretter à ce point, de ceux-là même qu'il combattait. Aussi, parmi tant de noms glorieux, celui de Marceau conserve un prestige tout à fait à part, un attrait sympathique qui bien rarement demeure attaché au souvenir des grands hommes de guerre. Un demi-siècle après sa mort, ceux qui l'avaient connu ne parlaient encore de lui qu'avec émotion.

La douleur de Kléber surtout fut immense. Marceau n'était pas seulement son ami, son élève, c'était pour lui presqu'un fils, plus qu'un fils. Il voulut rendre à sa mémoire un dernier hommage, en dessinant le monument funèbre érigé près de Coblentz, sur l'emplacement même où Marceau avait été frappé. Cette mort prématurée fut sans doute un grand malheur pour la France, pour les habitants des provinces rhénanes, auxquelles Marceau épargnait de tout son pouvoir les calamités de la guerre. Mais une telle fin était plutôt un sujet d'envie que de pitié, et parmi les glorieux compagnons d'armes qui suivaient en pleurant le cercueil de ce jeune héros, il n'en est aucun qui n'eût été jaloux de lui, — celui-là surtout qui devait mourir sur un trône, — s'il avait pu deviner le secret de sa propre destinée. Les enseignements accumulés de l'histoire justifient de plus en plus la vérité du proverbe antique : ceux qui meurent jeunes sont les plus aimés des dieux [1].

Marceau avait succombé le 19 septembre. Un mois après, jour pour jour, Kléber perdit un vieil ami qui lui était presque aussi cher, un ancien camarade de Mayence et de Chollet, le général Beaupuy, qui commandait une division de l'armée du Rhin. Il fut tué dans un des derniers combats qui signalèrent la fameuse retraite du val d'Enfer.

1. Cette scène, si grande et si touchante des funérailles de Marceau, a été dignement retracée, il y a environ trente ans, dans l'un des tableaux les plus remarquables de l'école française moderne. Par une singulière coïncidence, l'auteur de cette œuvre magistrale, Bouchot, est mort à la fleur de l'âge comme son héros.

III

Après cette campagne, si bien commencée, mais dont la suite ne lui avait offert que des sujets de désappointement et de deuil, Kléber demeura près de dix-huit mois sans être employé. Il désirait retourner à l'armée de Sambre-et-Meuse; mais il ne pouvait et ne voulait plus y reparaître que comme général en chef. Jourdan avait donné sa démission après la bataille de Wurtzbourg; Beurnonville, son successeur immédiat, ne pouvait être considéré que comme un chef intérimaire. Bien que Kléber vécût fort retiré dans son « ermitage » de Chaillot, sa nomination paraissait certaine pour l'époque de la reprise des hostilités, et dans le courant de février on le revit quelquefois au Luxembourg. « Il est possible que nous nous rencontrions demain dans un endroit où je ne vais guère, et où tu seras surpris de me voir, » écrivait-il à son camarade Ernouf, devenu directeur du dépôt de la guerre.

Au mois de mars 1797, le *Moniteur*, déjà presque officiel à cette époque, annonçait comme positive la nomination de Kléber au poste de général en chef de Sambre-et-Meuse; mais quinze jours après, par suite d'un revirement qui n'a jamais été bien expliqué, ce commandement fut définitivement conféré à Hoche. Kléber, qui probablement se faisait encore prier pour accepter, fut vivement froissé de se voir pris au mot et remplacé par un jeune homme de vingt-sept ans, qu'il n'appréciait peut-être pas à sa valeur. Ce fut le sujet d'une scène des plus vives entre Kléber et l'un des membres du Directoire, Rewbell. L'explication se termina par ces mots assez peu parlementaires du général : « Citoyen Rewbell, dès que tu auras un pied hors du Directoire, tu auras le mien..... »

Après cette disgrâce, Kléber se renferma plus que jamais dans sa retraite. Là, il s'occupait de son journal et d'autres études militaires, et réunissait souvent à sa table d'anciens camarades et quelques membres des Conseils, aussi mal disposés que lui pour le Directoire. Parmi ses convives les plus assidus, figuraient Ernouf et Jourdan, avec lequel Kléber s'était promptement et franchement réconcilié[1].

Cédant à de sages avis, Kléber demeura étranger à la journée du 18 fructidor. Les vainqueurs, dans cette circonstance, n'étaient pas plus de son goût que les vaincus. Cet événement n'avait fait que le confirmer davantage dans la résolution de se tenir absolument à l'écart. Mais ce projet ne tint pas contre les sollicitations du conquérant de l'Italie.

Sans s'être rencontrés jusque-là, Bonaparte

1. Je possède un certain nombre de billets adressés, en 1797 et au commencement de 1798, par Kléber au directeur du dépôt de la guerre, tantôt pour lui demander la communication de cartes et de mémoires, tantôt pour l'inviter à dîner. Voici quelques extraits de ces billets, qui prouvent que la disgrâce volontaire ou forcée de Kléber n'avait en rien altéré sa gaieté naturelle, et que sa réconciliation avec Jourdan était complète. « J'avais invité le citoyen Roussel, architecte, à venir dîner avec toi, *idem* Talot, *idem* Savary et autres Roger-Bontemps. Tu me joues donc un bien mauvais tour de ne pas venir, ainsi que Jourdan. — Pour moi, mon ami, je suis toujours ferme à mon poste à vous attendre; mais il s'agit de ménager tous les intérêts de la République, et il y en aurait de lésés si votre attaque avait lieu demain. Je t'enverrai un ambassadeur pour négocier cette affaire, que l'on voudrait remettre au 2 frimaire. Je t'embrasse et Jourdan aussi. »

et Kléber s'étaient réciproquement compris. Personne n'était plus capable que celui-ci d'apprécier tout le mérite de ce que venait d'accomplir Bonaparte avec des ressources comparativement aussi inférieures, tandis que deux armées plus nombreuses et non moins vaillantes que celle d'Italie échouaient complétement en Allemagne. Pendant toute la durée de cette double campagne, Kléber avait vu, avec une admiration douloureuse, se prononcer chaque jour davantage cette immense disproportion dans les résultats obtenus de part et d'autre, si bien qu'à chaque occasion de victoire manquée, à chaque revers essuyé en Allemagne, correspondait souvent jour pour jour un nouveau triomphe en Italie. Kléber sentait bien que cette différence si prodigieuse dans les événements ne devait pas être uniquement attribuée à l'infériorité relative du talent chez les généraux en chef de nos armées d'Allemagne; qu'elle tenait en grande partie à leur trop grande docilité aux instructions du Directoire, au défaut d'unité dans les opérations. Il n'admirait donc pas seulement dans Bonaparte la fécondité, la hardiesse des combinaisons stratégiques. Il n'était pas moins fasciné par l'énergie morale qu'avait déployée ce jeune vainqueur, pour se rendre tout à fait maître chez lui au milieu de son armée, et conquérir, avant toute chose, l'unité et la plénitude du commandement. De son côté, quand l'expédition d'Égypte fut résolue, Bonaparte désira vivement attacher à sa fortune quelques-uns des généraux étrangers à ses premiers triomphes, notamment Desaix et Kléber. Le premier, plus modeste, plus accessible à l'enthousiasme, était venu s'offrir de lui-même, tandis qu'il fallut aller chercher Kléber dans sa retraite. Bonaparte fit faire cette démarche par Caffarelli-Dufalga, général d'artillerie du plus grand mérite, et qui avait brigué l'honneur de faire partie de la nouvelle expédition, bien qu'il eût perdu une jambe dans la dernière campagne de Sambre-et-Meuse. Bonaparte avait bien deviné que la démarche et surtout l'exemple d'un tel homme suffiraient pour décider Kléber.

Quelques jours après, un de ces arrêtés que le conquérant de l'Italie dictait au Directoire statua que « le général de division Kléber serait employé, sous les ordres du général en chef Bonaparte, dans l'expédition qu'on préparait à

Toulon (12 avril 1798). » Kléber connaissait déjà le secret de l'expédition, car il écrivait à Ernouf, quelques jours auparavant, pour le prier « de faire rechercher et de remettre, séance tenante, à son aide de camp Cazal, ce qu'il pouvait y avoir de plus intéressant au Dépôt de la guerre en fait de mémoires et de cartes sur l'*Inde*, la *Perse* et l'*Égypte*. » Ce fut mon père qui se chargea de porter ces mémoires; il m'a souvent raconté son entrevue avec Kléber, qu'il vit à cette occasion pour la dernière fois. L'ermitage de l'illustre général était un pavillon isolé, situé sur la colline de Chaillot, en face du Champ de Mars, dans la rue qui fut appelée depuis *des Batailles*. Vêtu, suivant la mode du temps, d'une grande houppelande verte à collet et à brandebourgs, Kléber était profondément absorbé dans l'étude d'une carte d'Égypte; il n'avait pas entendu entrer le jeune officier, qui restait immobile, craignant de troubler sa contemplation. Kléber suivait du doigt le cours du Nil, s'arrêtant, de distance en distance, aux champs de bataille probables; l'une de ces stations était peut-être Héliopolis! Au bout de quelques minutes, il releva brusquement la tête en secouant, suivant son habitude, sa crinière de lion, et fixa son regard clair et profond sur mon père, qu'il reconnut tout d'abord. « Ah! ah! lui dit-il, tu es le fils de mon camarade Ernouf; tu m'apportes les papiers que j'attendais? » Il lui fit quelques questions, et parut satisfait de ses réponses. « Eh bien, lui dit-il enfin, je voudrais faire quelque chose pour un frère de Sambre-et-Meuse. Ton père n'est pas des nôtres et je le regrette, car il fera meilleur là-bas qu'ici. Mais toi, veux-tu venir avec moi comme aide de camp? Nous allons dans un beau pays où nous ferons de grandes choses. » Mon père naturellement ne demandait pas mieux, mais le général Ernouf, auquel Kléber en parla le soir même, refusa absolument d'exposer un fils unique aux chances d'une telle expédition. S'il avait cédé au vœu de Kléber, il est probable que celui-ci compterait aujourd'hui un biographe de moins.

LIVRE TROISIÈME

EXPÉDITION D'ÉGYPTE

EXPÉDITION D'ÉGYPTE

—

I

A partir de son embarquement pour l'Égypte, Kléber entre, pour ainsi dire, en pleine lumière. Dans toutes les relations de cette guerre, son nom revient et semble grandir à chaque page; chaque difficulté nouvelle provoque de sa part un effort plus puissant, et comme une nouvelle et plus vive explosion de génie. Après avoir brillé au second rang, il resplendit au premier. A la suite d'une faute que volontiers on nommerait heureuse, tant la réparation en fut admirable, Kléber se relève plus grand que jamais; il justifie et dépasse, en se révélant tout entier, les prévisions de Bonaparte. Des écrivains éminents ont dignement retracé ces hauts faits de Kléber; mais, tout en rendant justice à ses qualités, ils ont inexactement apprécié son caractère, ses sentiments véritables, exagéré ses défauts. On s'est trop exclusivement rapporté, pour le juger, à certains témoignages contemporains, souvent peu impartiaux. On n'a pas suffisamment tenu compte de ses antécédents, des documents fournis par lui-même, ou plutôt on ne s'en est occupé que pour y chercher des armes contre lui, en arguant de quelques phrases isolées pour lui imputer une malveillance systématique, persistante à l'égard de Bonaparte. Dans cette malveillance prétendue, les uns ont vu un sujet de blâme, les autres un motif d'éloge. Nous croyons et nous espérons démontrer que Kléber n'a mérité

Ni cet excès d'honneur, ni cette indignité.

Il suffit pour cela de classer ses lettres dans l'ordre chronologique, de les mettre exactement en regard avec les faits, et d'y suivre, depuis son embarquement à Toulon jusqu'à sa mort, le reflet fidèle des impressions qui se succèdent dans son âme.

Pendant une première période, qui s'étend jusqu'aux derniers jours d'août 1798, Kléber demeure absolument subjugué par le génie du général en chef. Ainsi, au moment du départ, il adressait à Moreau la lettre suivante, écrite sur un ton de familiarité enjouée qui exclut toute supposition d'arrière-pensée :

« Je ne pourrai vous écrire un peu au long, mon cher Moreau, que lorsque nous serons au large, et quand je serai débarrassé du détail et de l'embarras de l'embarquement. Je n'ai pas encore un moment de libre, et je change souvent quatre fois de linge par jour. Le vent, qui était favorable, a changé tout à coup, et on a profité de cette contrariété pour faire aussi quelques changements dans la disposition des troupes.... Vous devez être au fait du secret de notre expédition. J'ai ouï dire que vous la désapprouviez, j'en ai été fâché. — J'aurais désiré que vous eussiez, à cet égard, moins de précipitation. Quand on fait la chose unique qui est à faire, l'opération est bonne, par cela même qu'on ne pourrait pas faire mieux. Mais, lorsqu'il y a au bout de tout cela de grands résultats à espérer, il faut, ce me semble, approuver[1]. »

1. Lette écrite à bord du *Franklin*, en rade de Toulon, le 18 août 1798.

Ainsi Kléber, non content d'approuver lui-même l'expédition d'Égypte, s'efforçait de faire partager sa manière de voir aux généraux les plus mécontents. Il manifesta les mêmes dispositions pendant la traversée. Les trois divisions placées sous ses ordres n'avaient pris aucune part à l'occupation de Malte. Kléber s'empresse néanmoins d'écrire à Bonaparte pour le féliciter : « Mais moi, ajoute-t-il, puis-je me féliciter d'avoir été un témoin aussi passif d'une action aussi extraordinaire ? » (Lettre du 13 juin.)

Enfin, le moment décisif approche. Le 12 messidor, la tour des Arabes apparaît aux regards impatients. Bonaparte apprend que deux jours auparavant Nelson a paru sur cette côte, que, trompé par des renseignements inexacts, il est reparti nous chercher dans une autre direction. Bonaparte ne veut pas perdre un moment pour profiter de cette faveur persévérante de la fortune, qui, jusqu'au dernier moment, a écarté de sa route l'obstacle le plus redoutable. Il donne donc, le soir même, l'ordre du débarquement. La mer en un instant est couverte de canots qui luttent contre la furieuse agitation des vagues. De l'emplacement du mouillage à l'anse du Marabout, seul point où il fût rigoureusement possible d'aborder, il n'y avait pas moins de trois lieues. A une heure du matin, le général en chef débarque avec les premières troupes. Dès qu'il a quatre mille hommes à terre, dont mille de la division Kléber, commandés par Kléber lui-même, Bonaparte marche sur Alexandrie. L'éloignement des vaisseaux et l'état de la mer n'avaient encore permis de mettre à terre ni chevaux, ni canons; mais l'avantage de la surprise et la qualité des soldats compensaient cette insuffisance de moyens. Kléber commandait la colonne du centre ; il s'élança l'un des premiers à l'assaut, et fut grièvement atteint à la tête. Cette blessure, dont s'irritait sa généreuse ardeur, ne laissa pas de profiter à sa gloire. Contraint de le laisser en arrière, Bonaparte lui confia le commandement d'Alexandrie, commandement important, et dont une catastrophe aussi prochaine qu'imprévue allait accroître les difficultés. Voici la lettre qu'écrivit Kléber à l'occasion de cette nomination ; elle prouve la persistance de son enthousiasme et de son affection pour le général en chef.

« Je reçois à l'instant, citoyen général, votre instruction relativement au commandement d'Alexandrie que vous avez bien voulu me conférer, pour diminuer la peine que j'éprouve de ne pouvoir vous suivre. Je remplirai vos intentions avec zèle, et autant qu'il me sera possible de le faire de mon appartement ; car les premiers moments où il me sera permis de prendre quelque exercice, accordez-moi, général, de les employer pour vous aller joindre. » (7 juillet.)

Dès les premiers moments, bien qu'encore incapable de sortir, Kléber s'occupe de tous les détails militaires, administratifs et financiers avec une activité qui ferait honneur à l'homme le plus valide. Dès le 9 juillet, il adresse à Bonaparte un premier compte sommaire de tout ce qui s'est passé à Alexandrie depuis le départ de l'armée. La ligne provisoire de défense est déjà tracée parmi les immenses décombres de la cité des Ptolémées ; il a formé des patrouilles mixtes, passé des marchés pour les terrassements et la conduite des travaux. Il a également organisé une commission des subsistances, qui va procéder par voie d'achats, « car toute espèce de réquisitions, dans ces premiers moments répandrait l'alarme. » Kléber annonce aussi à Bonaparte que, d'après le résultat des sondages, il paraît que l'escadre pourra entrer dans le port. « C'est, disait-il, une des meilleures nouvelles que je puisse vous donner. » Malheureusement elle ne devait pas se confirmer. Pour gagner la confiance des habitants, on était forcé de payer largement ; le schérif, auquel Kléber faisait quelques observations sur l'exagération de certains mémoires, lui répondit : « Mourad-Bey est généralement aimé, parce qu'il donne comme il prend, à tort et à travers. » Malgré l'importance de ce poste d'Alexandrie, Kléber n'aspire qu'à rejoindre promptément Bonaparte. « Quoique ma plaie, dit-il, ne doive se cicatriser que dans un mois d'ici, rien ne m'empêchera de me rendre au Caire, ou du moins d'aller joindre ma division. Je regarde Alexandrie comme un lieu d'exil, permettez-moi d'en sortir le plus tôt possible. » (2 juillet.)

Deux jours après, il rend compte d'une alerte qui, sans sa présence d'esprit et sa fermeté, aurait pu avoir des suites très-graves. Il faut lui laisser raconter à lui-même cette scène émouvante :

« Hier, un Français, canonnier marin, a été assassiné, dans le moment même où, d'un autre côté, le domestique d'un officier du génie était jeté à la mer. On crie aux armes : Français et Arabes courent çà et là dans les rues, les uns pour se rendre à leur poste, les autres pour se renfermer chez eux. Le tumulte était à son comble ; le canonnier, frappé d'un coup de sabre fort grave et de huit coups de stylet, est porté dans la maison que j'occupe. Je fais battre la générale... On prend les armes, les officiers d'état-major font eux-mêmes les patrouilles. Cent rapports, plus alarmants les uns que les autres, me sont faits par les Francs effrayés ; je rassure tout le monde et convoque les chefs musulmans..... Je me plains de l'attentat qui vient de se commettre, je fais apporter sur un brancard le canonnier mourant, je demande justice et vengeance. Je leur mets sous les yeux les forces qui les environnent, je leur déclare ma résolution d'abîmer leur ville, dussé-je m'enterrer sous ses ruines, pour punir la moindre violence faite à un Français : « Quand

Mourad-Bey serait à vos portes, leur ai-je dit, une marine formidable ne serait-elle pas là pour réduire vos maisons en cendre ? » Je termine en ordonnant que les coupables soient recherchés et punis suivant toute la rigueur des lois du pays, et qu'on remette entre mes mains huit otages à mon choix.

Les scheiks ayant osé me répondre qu'ils me livreraient le coupable si le peuple y consentait, je leur ai déclaré que je regarderais la réunion des musulmans à cet effet ou à tout autre comme une sédition, et que, si dans l'intervalle de cinq jours, le meurtrier n'était pas puni, je ferais pendre un des otages au bout d'une vergue. « Il était loin de ma pensée, ajoutait Kléber, de mettre à exécution une pareille menace, mais elle était nécessaire. » Cette conférence, suivant lui, « diplomatique plutôt que militaire, » avait duré cinq heures, et tous serrèrent la main au rude diplomate, en prenant congé de lui. Il va sans dire que, malgré les recherches plus ou moins diligentes des autorités musulmanes, l'assassin du canonnier ne fut pas retrouvé. On ordonna seulement, suivant l'usage que sa maison fût démolie. Comme la victime avait survécu à ses blessures, Kléber jugea politique d'user de clémence, et l'arrêt de démolition ne fut pas exécuté. Toutefois, il n'attendait pas un grand succès de cette concession. «Ces gens-là, disait-il, prennent toutes les marques de bonté que je leur donne pour des marques de faiblesse : tandis que d'un autre côté, pour peu que je leur montre, je ne dis pas de rigueur mais de fermeté, ils sont à mes pieds.»

Cet événement produisit, en définitive, un bon résultat, en donnant occasion au commandant en chef de « mettre à la raison nos frères arabes, et aussi d'établir plus d'ordre et de discipline parmi les troupes. » Le camp établi sur la place cessa de ressembler à une « halte de cosaques. » Une proclamation énergique prescrivit aux soldats, sous les peines les plus sévères, le respect des lois et des coutumes du pays. Il fut notamment défendu, sous peine de mort, de s'introduire dans les harems, délit assez fréquent au début de l'occupation française[1].

1. Il était également défendu, sous peine de mort, d'escalader les murs d'aucune habitation, de troubler les musulmans dans l'exercice de leur culte, et même de tirer sur des pigeons dans l'intérieur de la ville (Proclamation et arrêté du 14 juillet.)

Nous rencontrons, sous la date du 19 juillet, une lettre dont Bonaparte s'est prévalu avec avantage, pour montrer quels étaient alors, à son égard, les véritables sentiments de Kléber. On avait répandu à Alexandrie le bruit qu'un mouvement avait eu lieu à Paris, dans un sens contraire au 18 fructidor, et que Bonaparte était rappelé. « Veuillez me faire connaître ce qu'il en est, écrivait Kléber. J'ai résolu, mon général, de vous suivre partout : je vous suivrai également en France, *je n'obéirai jamais plus à d'autres qu'à vous*, et je ne commanderai pas, parce que je ne veux pas être en contact immédiat avec le gouvernement. » Si dans ce moment Bonaparte et les événements prenaient Kléber au mot; si tous deux revenaient en France, et que le 18 brumaire fût avancé d'une année, est-ce parmi les adversaires de Bonaparte, est-ce même parmi les indifférents et les égoïstes qui attendent le succès pour se décider, qu'il faudrait chercher l'homme si empressé de s'associer à la destinée de Bonaparte? Le 21 juillet, il lui écrivait encore : « L'impatience que j'ai de recevoir de vos nouvelles ne peut être égalée que par celle que j'éprouve de vous rejoindre. »

Deux jours après, un nouvel incident mit singulièrement en relief la sagacité de Kléber. Malgré les grandes démonstrations d'enthousiasme du schérif d'Alexandrie, Coraïm, qui avait d'abord capté la bienveillance du général en chef, Kléber avait tout d'abord suspecté sa sincérité. Au moment de l'affaire du canonnier, le schérif était à bord d'un des bâtiments turcs qui se trouvaient dans le port, et, soit frayeur, soit tout autre motif, on avait eu beaucoup de peine à le faire revenir à terre. Quelques jours après, Kléber fut instruit que des préparatifs hostiles avaient été faits à bord des caravelles turques, qu'à la première nouvelle défavorable qui viendrait du côté du Caire, on courrait sus aux Français dans le port et dans la ville. Le patriarche grec, qui transmettait ces renseignements à Kléber, ajoutait : « qu'il ferait bien de se défier de l'homme auquel il donnait le plus sa confiance. » Quelques jours après, Kléber demanda à faire, pour les besoins de la place, un emprunt de 30,000 francs, « à remplir par les commerçants d'Alexandrie, qui devaient en être remboursés sur les premières rentrées de la douane. » Il rencontra, dans l'exécution de cette mesure, beaucoup de mauvaise humeur et de mauvaise volonté de la part de Coraïm, qui, dans un but facile à deviner, voulait exonérer le commerce musulman de sa quote-part dans cet emprunt, et le faire peser en totalité sur les négociants juifs et francs.

« Ce n'était pas de ce moment, écrivait Kléber le 21 juillet, que, sans me laisser influencer par la haine des Francs et même des Musulmans pour le schérif, je m'étais aperçu de ses menées sourdes. Tout en affectant le plus grand zèle, il travaillait en secret à entraver nos opérations, à aliéner de nous l'esprit des naturels du pays. Je me proposais cependant de dissimuler encore quelque temps, lorsque le bruit se répandit dans la ville que les Bédouins et les habitants de Damanhour avaient cerné le corps de troupes du général Dumuy, qui, le lendemain matin, nous confirma qu'il avait été attaqué. L'instant où avait eu lieu cette affaire, et celui où le bruit en était venu jusqu'à nous, coïncidaient assez, pour que je visse clairement qu'avis avait été donné de la marche du détachement. Il me parut alors évident que le schérif cherchait, en nous trahissant, à justifier auprès du gouvernement du Caire ses premières démarches en notre faveur ; et un homme de ce caractère devenant dangereux dès qu'il cessait de nous servir, je devais m'en débarrasser. En conséquence, je le fis conduire à bord du vaisseau *le Dubois*, pour être de là transféré sur un des bâtiments de l'escadre devant Aboukir.

« Cela fait, je rassemble chez moi les scheicks ; je mets en opposition sous leurs yeux la conduite ouverte et généreuse des Français, et le peu de loyauté de celle du schérif. Je les invite à me désigner un homme propre à le remplacer, et ils m'indiquent Mahomed-el-Guriani, — ennemi irréconciliable des beys qui l'ont dépouillé de tous ses biens. Celui-ci me dit que le peuple d'Alexandrie était inquiet, séditieux, difficile à gouverner. — Un homme, lui répondis-je, qui prévoit et sent les difficultés d'un emploi, saura les surmonter, et je le détermine. »

Kléber n'avait encore que des preuves morales de la complicité de Coraïm avec les Mameluks. De plus, Bonaparte et lui conservaient encore à cette époque quelque espoir d'éviter la guerre avec la Turquie ; il fallait donc s'abstenir de donner un prétexte de rupture par des violences ouvertes contre un haut fonctionnaire musulman. Aussi, tout en s'assurant de la personne de celui-ci, et s'en débarrassant à Alexandrie, Kléber usait encore de grands ménagements à son égard, jusqu'à recommander à l'amiral Brueys de lui rendre les honneurs militaires. Il lui écrivait aussi « qu'en l'*invitant* à passer à bord d'un vaisseau français, il n'avait eu d'autre projet que de lui fournir les moyens de rejoindre le général en chef, pour lui prouver qu'il n'avait pas cessé de mériter son estime ; » et Coraïm, poursuivant hardiment son rôle, comblait Bonaparte de bénédictions. Malheureusement, celui-ci, auquel la journée des Pyramides venait d'ouvrir les portes du Caire, y avait trouvé des preuves non équivoques de ce que Kléber avait si bien déviné. Il envoya l'ordre de mettre Coraïm aux fers et de l'expédier au Caire pour être interrogé : « Vingt-quatre heures plus tard, dit Kléber, il eût partagé le sort de l'*Orient*. »

Kléber profita de ce coup d'État administratif pour introduire une amélioration fort sage, et dont le bénéfice fut vivement senti dans les classes inférieures de la population, en remplaçant par un traitement fixe les droits vexatoires que percevait l'ancien schérif.

Les réponses de Bonaparte, pendant cette période, ont un caractère marqué d'affection et de confiance. Il dit à Kléber, dans plusieurs occasions : « la conduite que vous avez tenue était bien celle qu'il fallait tenir. » Le 30 juillet, il lui promettait, comme récompense, de lui permettre de rejoindre l'armée active, dans une quinzaine de jours au plus. Bonaparte était loin de prévoir la catastrophe qui allait rendre plus nécessaire que jamais, à Alexandrie, la présence d'un homme tel que Kléber.

II

Le désastre d'Aboukir compte parmi les plus cruels souvenirs de notre histoire; parmi ceux qui, semblables aux cicatrices d'anciennes blessures, font encore souffrir la France. Du haut de la tour du Phare, et ensuite de la hauteur de l'Observatoire, Kléber avait saisi, malgré la distance, quelques traits de cette horrible scène de destruction ; mais, faute d'instruments d'une portée suffisante, il n'avait pu discerner les résultats. Sa première lettre, écrite pendant que le feu durait encore, a bien ce caractère de poignante incertitude. Il avait vu distinctement sauter deux vaisseaux ; mais il ignorait si ces vaisseaux étaient des nôtres ou de ceux de l'ennemi. Quelques heures plus tard, il sut trop bien à quoi s'en tenir.

Il fut admirable d'énergie et de sang-froid dans cette crise. Au premier moment il écrivait à Bonaparte : « Vous ne sauriez être ici remplacé. » Pourtant, il le remplaça dignement, et comme personne autre n'eût su faire. Il recueillit et utilisa les épaves de ce grand naufrage : par l'énergie de son attitude, il imposa aux vainqueurs, contint les indigènes, raffermit le courage des siens en leur inspirant la confiance que, par moments, il sentait vaciller en lui-même. Sa plus rude épreuve, comme il l'a dit, fut de rester quarante jours, dont quinze postérieurement à Aboukir, sans nouvelles de Bonaparte. On devine ce qu'il dut ressentir d'angoisses, surtout pendant cette dernière période de silence. Toutes les dépêches avaient été interceptées de part et d'autre, même celle qui annonçait la victoire des Pyramides. Ainsi Kléber manquait d'indications pour les affaires les plus urgentes et les plus difficiles, et ce défaut de nouvelles accréditait de sinistres conjectures sur un désastre de l'armée de terre, pareil à celui de la flotte.

Quelques fragments de sa correspondance, pendant les derniers jours où les communications restèrent interrompues, donneront une juste idée des perplexités intimes de Kléber, et de ce qu'il lui fallait d'énergie pour n'en rien laisser voir.

« On m'assure, citoyen général, qu'un aide de camp que vous m'aviez envoyé a été pris[1]. Je ne sais où celle-ci vous trouvera, et je suis encore à recevoir une lettre de vous depuis votre départ. Ma position cependant est extrêmement délicate; je ne connais ni votre secret, ni vos vues, et je dois agir comme si j'en étais instruit.......

« Les Anglais viendront nous bombarder dans nos ports; ils entreront, sans hésiter, dans ces passes que notre marine trouvait dange-

1. Cet aide de camp (Julien) avait été en effet non-seulement pris, mais massacré.

reuses et impraticables.... Un autre point plus embarrassant, c'est de savoir si l'embargo peut être levé, et notamment pour les bâtiments turcs.... Enfin, il est instant que vous songiez à établir une communication par terre; car, indépendamment de la correspondance, il faut encore protéger l'arrivage des eaux (du Nil)....

« J'ai recours à tous les expédients imaginables pour me procurer de l'argent. Je fais actuellement vendre du riz, afin de subvenir aux dépenses du mois prochain.... Il est vrai que si les Anglais bombardent le port, cette ressource sera détruite avec les autres (10 août).

« J'ai sur votre santé, sur votre existence, des inquiétudes que beaucoup de personnes partagent. Comment se peut-il, en effet, que depuis trente-cinq jours je n'aie pas reçu un mot de vous?..... Il court sur l'armée différents bruits que je cherche à détruire, et qui cependant font quelque impression. Un mot de votre part rassurerait tout le monde, et votre présence, malgré nos malheurs, nous comblerait de joie (11 août). »

Cinq jours après, Kléber recevait enfin une de ces lettres si impatiemment attendues, et, malgré toutes ses préoccupations, cet incident suffisait pour déterminer chez lui un vif retour à la confiance et même à la gaieté. « Malgré toutes les jérémiades qu'il est de mon devoir de vous faire, il est bon que vous sachiez que tout le monde est plein de courage et de bonne volonté ; que la journée du 14 thermidor (Aboukir) n'a produit sur la troupe aucune espèce d'abattement, mais bien le sentiment de l'indignation, et le désir ardent de la vengeance. Nous avons célébré vos victoires avec toute la pompe dont Alexandrie était susceptible. J'ai ici quatre-vingt-douze personnes, attachées à la commission des sciences et des arts, qui ne se nourrissent pas d'esprit. Elles demandent à grands cris et avec justice qu'il leur soit payé au moins un mois d'appointements (16 août). »

Dans cette lettre, Kléber parlait aussi des dispositions tranquilles et bienveillantes qui semblaient prévaloir parmi les gens d'Alexandrie. Trois jours après, un incident significatif prouva quelle confiance, ou, si l'on veut, quelle crainte salutaire il avait su inspirer à cette population, nonobstant le désordre si récent d'Aboukir. Deux notables musulmans vinrent lui remettre, non décachetées, des missives anglo-turques, dans lesquelles on leur prodiguait les promesses les plus flatteuses, pour les engager à seconder une tentative des Anglais contre la ville. Kléber profita de cette circonstance pour communiquer aux musulmans le décret de Bonaparte, relatif à l'organisation des *divans*, et s'occupa immédiatement de composer celui d'Alexandrie. Il pensait avec raison que, cette place devenant de la plus haute importance, et rien ne paraissant plus utile que de nous y former un parti solide parmi les plus gens de bien, on pouvait y réussir en faisant marcher de front les procédés et les honoraires. On voit que Kléber savait mener les hommes, ailleurs que sur les champs de bataille.

Pendant l'interruption des communications entre Alexandrie et l'armée, Kléber n'avait pu dissimuler ses inquiétudes à Bonaparte. « L'expédition que nous avons entreprise, répondit celui-ci, exige du courage de plus d'un genre. » C'était peut-être pour lui-même autant que pour Kléber que Bonaparte s'exprimait ainsi. Pourtant, il semble que le commandant d'Alexandrie ait vu dans cette phrase un reproche indirect, auquel il réplique avec vivacité, mais encore sans aigreur.

« Vous seriez injuste, citoyen général, si vous preniez pour une marque de faiblesse et de découragement la véhémence avec laquelle je vous ai exposé nos besoins..... Quant à moi, il m'importe peu où je dois vivre, où je dois mourir, pourvu que je vive pour la gloire de nos armes, et que je meure ainsi que j'aurai vécu. Comptez donc sur moi dans tout concours de circonstances, ainsi que sur ceux à qui vous ordonnerez de m'obéir. »

Une lettre écrite quatre jours plus tard respire encore les mêmes sentiments. Bonaparte écrivait que le désastre de la flotte et la guerre déclarée par la Porte n'auraient d'autre résultat que « de nous forcer à faire de plus grandes choses que nous n'en voulions faire. » Kléber comprend la pensée de Bonaparte et s'y identifie. « Oui, citoyen général, nous l'entreprendrons, cette plus grande chose, et je prépare déjà toutes mes facultés (26 août). »

Nous arrivons maintenant à une période de refroidissement marqué, dans laquelle les premiers torts ne sont pas du côté de Kléber. Il n'avait pas hésité à blâmer, dans sa correspondance, l'ordre du jour flétrissant infligé à l'une des victimes d'Aboukir, le contre-amiral Blanquet-Duchayla, et à l'équipage de son vaisseau, *le Franklin*. Kléber ne pouvait être suspecté de partialité à cette occasion, car ses appréciations générales sur la conduite des officiers de marine dans cette circonstance étaient plutôt trop sévères. Mais, instruit comme il l'était de toutes les circonstances de la blessure reçue par le contre-amiral, et de la défense ultérieure du *Franklin*, il avait rempli un devoir d'honneur en disant franchement son opinion à Bonaparte. Celui-ci ne crut pouvoir se dispenser de déférer à ses observations, du moins en ce qui concernait personnellement Duchayla. Il constata, par un nouvel ordre du jour, que le contre-amiral, grièvement atteint au visage plusieurs heures avant la fin de l'action, ne pouvait être considéré comme responsable de ce qui s'était passé ensuite. Mais Bonaparte n'aimait pas les officiers malheureux, et surtout les prisonniers ; c'est un des reproches les plus légitimes qu'on puisse faire à sa mémoire. Il ne daignait pas tenir compte du déplorable état de Duchayla ; il lui en voulait d'avoir subi trop docilement les prévenances du vainqueur, d'avoir accepté le passage sur son bord, et de servir ainsi d'ornement à son triomphe. On retrouve toutes ces récriminations, sous la forme la plus acerbe, dans une lettre du 10 septembre, adressée à Kléber. Il est juste d'ajouter que, un an après, Bonaparte lui-même, devenu premier consul, reconnut implicitement son injustice en maintenant Duchayla dans le cadre d'activité, et que la lettre du 10 septembre n'a été réimprimée dans la *Correspondance de Napoléon* qu'avec une note rectificative, insérée sur la recommandation expresse de l'Empereur Napoléon III. Kléber avait donc raison dans cette circonstance, et plus raison encore qu'il ne croyait. Duchayla n'avait pas seulement fait son devoir pendant l'action. Dans le conseil qui la précéda, il avait émis le premier et soutenu avec opiniâtreté un avis qui pouvait modifier singulièrement le destin de la journée et le cours des événements. Si l'amiral l'avait écouté, s'il avait combattu sous voiles, notre flotte conservait des chances de vaincre, ou du moins n'aurait pas été détruite, et l'homme qui avait donné ce conseil méritait d'être mieux traité.

Bientôt, à ce sujet de mésintelligence, il s'en joignit un autre tout personnel à Kléber. Bonaparte lui avait fait passer en deux envois, une somme de 115,000 fr. pour les premiers besoins de la marine après Aboukir, pensant que Kléber serait en mesure de pourvoir aux autres services de la place, au moyen d'une contribution à titre d'emprunt qu'il lui était prescrit de lever sur le commerce d'Alexandrie. Kléber, nous l'avons dit, en voulait fort à la marine en général; il regrettait, suivant ses propres expressions, « jusqu'au clou, jusqu'à la planche qu'on y employait. » Peut-être faisait-il dans le désastre une part trop grande aux causes de détail, à l'incapacité de certains officiers, à l'indiscipline des équipages, triste legs des plus mauvais jours de la Révolution. D'un autre côté, il jugeait que les circonstances rendaient indispensable l'ajournement de tout emprunt, de toute réquisition à Alexandrie. Se trouvant de plus dans une pénurie extrême, il jugea à propos de disposer provisoirement pour les services journaliers des 115,000 fr. envoyés pour la marine, et exposa en détail à Bonaparte les motifs de ce virement [1] (28 août). Malheureusement, cette explication vint trop tard. Dans l'intervalle, Bonaparte avait reçu les doléances de l'ordonnateur de la marine, et dicté *ab irato* pour Kléber une lettre foudroyante (28 août). Il lui donnait l'ordre de réintégrer sur-le-champ les fonds à la marine, de faire rentrer immédiatement la contribution forcée, « nonobstant tous les inconvénients qui pouvaient en résulter, » et de s'abstenir désormais de contrarier des dispositions tenant à des rapports que celui-là seul qui « était au centre, » pouvait connaître. Il s'exprimait en même temps, à propos

1. « Cette somme est arrivée au moment où il n'y avait pas un sou dans la caisse du payeur, où la solde, ainsi que tous les genres de services, eussent été suspendus faute de fonds ; au moment où le nouveau divan m'annonçait l'arrivée de plusieurs députations des tribus arabes pour traiter d'une pacification générale dans la province de Bahireh, et où il eût été conséquemment très-impolitique de parler d'emprunt ou de réquisitions. »

Suivant Kléber, le système des réquisitions, possible et même avantageux dans les contrées productrices, ne pouvait être que désastreux à Alexandrie, où tout devait arriver du dehors par la confiance.

de l'exagération prétendue des dépenses administratives à Alexandrie, dans des termes capables de blesser un homme moins susceptible que Kléber. La réponse de celui-ci ne se fit pas attendre.

« Alexandrie, le 21 fructidor an VI (7 septembre 1798).

« Je reçois à l'instant, citoyen général, votre lettre du 15. Je devais m'attendre à votre improbation relativement aux 100,000 livres affectées à la marine, et quoique je me trouvasse alors dans un moment difficile, qui pouvait peut-être me justifier; mais j'étais bien loin de penser mériter aucun reproche sur l'administration des fonds. S'il est vrai, citoyen général, qu'Alexandrie ait coûté le double que le reste de l'armée, abstraction faite des réquisitions frappées ailleurs et qui n'ont jamais eu lieu ici; abstraction faite de ce qui a été sans cesse payé au génie, à l'artillerie et à la marine, on a droit de conclure qu'il y a eu une dilapidation infâme... Ma conduite doit être examinée, et je vous en fais la demande formelle. Vous avez oublié, citoyen général, lorsque vous avez écrit cette lettre, que vous teniez en main le burin de l'histoire, et que vous écriviez à Kléber. Je ne présume pourtant pas que vous ayez eu la moindre arrière-pensée ; on ne vous croirait pas.

« J'attends, citoyen général, par le retour du courrier, l'ordre de cesser mes fonctions, non-seulement dans la place d'Alexandrie, mais encore dans l'armée, jusqu'à ce que vous soyez un peu mieux instruit de ce qui se passe et s'est passé ici. Je ne suis point venu en Égypte pour faire fortune ; j'ai su jusqu'ici la dédaigner partout ; mais je ne laisserai jamais non plus planer sur moi aucun soupçon. »

De tous les généraux contemporains de Bonaparte, Kléber était le seul capable de lui tenir un pareil langage ; le seul aussi qui pût le faire, non-seulement avec impunité, mais avec succès. Bonaparte avait reçu, dans l'intervalle, les explications de Kléber à propos de l'emploi des fonds, et regrettait déjà d'avoir été si vif, quand la lettre que nous venons de citer vint lui révéler tout le mal qu'il venait de faire à Kléber et aussi à lui-même, en risquant de s'aliéner pour une cause comparativement minime, l'affection d'un tel auxiliaire. Il eut pour lui, dans cette circonstance, des égards qui leur font honneur à tous deux. Loin de paraître offensé de la vive réplique de Kléber, Bonaparte lui répond courrier par courrier : « J'ai vu avec peine que vous donniez à ma lettre un sens qu'elle n'a, ni n'a pu avoir. Si je tenais le burin de l'histoire, personne n'aurait moins à s'en plaindre que vous. » A cette satisfaction morale, il en ajoute une autre sur le fond du débat. Nous avons dit que la lettre qui portait à Kléber cette objurgation regrettable s'était croisée avec les explications de Kléber sur l'inopportunité d'exigences financières trop rigoureuses contre la population d'Alexandrie, qui, malgré la perte de notre flotte, semblait animée des dispositions les plus favorables. Bonaparte, appréciant cette considération, adopte un moyen terme : l'emprunt sur le commerce d'Alexandrie aura lieu, car il est indispensable pour nos besoins généraux; mais il sera soldé en maisons, jardins et terres nationales (lettre du 12 septembre). Cette démarche si conciliante se croisa avec une nouvelle lettre de Kléber, dont l'irritation n'était pas encore apaisée : « Il paraît, général, que j'ai bien peu rempli vos intentions dans l'administration civile et militaire d'Alexandrie. J'attribue toutes les gaucheries que vous semblez me reprocher à l'état de ma santé. Ma plaie est à la vérité très-parfaitement cicatrisée, mais les douleurs de tête ne sont point passées... » Il demande à se reposer, à changer d'air quelque temps, « sauf à reprendre le commandement d'Alexandrie dès qu'il se trouvera un peu mieux, ou dès que cette place sera menacée. » Ceci nous rappelle les indispositions de Kléber à l'armée de Jourdan, qui coïncidaient toujours si exactement avec les opérations qu'il improuvait. Bonaparte n'ayant fait aucune réponse à cette demande de congé temporaire, Kléber, mécontent et inquiet, lui fit demander, par l'intermédiaire du général Caffarelli, la permission de quitter l'Égypte, et lui écrivit à cette occasion la lettre suivante, où l'on sent encore l'affection à travers le ressentiment :

« Vous aviez chargé le général Caffarelli, citoyen général, de me faire la proposition de vous accompagner dans une expédition lointaine; et votre nom, et votre gloire, et la reconnaissance dont j'étais pénétré pour tout le bien que vous aviez dit de moi sans me connaître, m'engagèrent sans hésiter un instant. Aujourd'hui que ma santé et la douleur que me causent les suites de ma blessure ne me permettent plus de vous suivre dans votre brillante carrière, je m'adresse pareillement au général Caffarelli pour obtenir de vous la permission de retourner en France. Veuillez, citoyen général, accueillir favorablement ce qu'il vous dira à ce sujet. »

Ce que dit Caffarelli à Bonaparte, on ne le saura jamais positivement, mais il est probable que cet officier aussi distingué qu'excellent n'épargna rien pour cimenter entre deux hommes qu'il aimait et qu'il estimait à leur valeur une réconciliation durable et complète. Il fit sans doute comprendre à Bonaparte que l'indisposition de Kléber était plutôt morale que physique, et que regagner pleinement un tel cœur était une victoire digne du conquérant de l'Égypte. Cette conjecture nous semble pleinement autorisée par la réponse affectueuse, presque caressante de Bonaparte, écrite sous l'impression immédiate de son entretien avec Caffarelli. Bonaparte invitait Kléber à venir se reposer au Caire, auprès de lui, pour prendre part ensuite à l'expédition projetée de Syrie, qui ouvrait à l'imagination de ces deux grands hommes de guerre de si vastes perspectives. Quel ressentiment aurait pu tenir contre ces cajoleries du vainqueur d'Arcole et des Pyramides ?

« Je suis extrêmement fâché de votre indisposition. J'espère que l'air du Nil vous fera du bien, et, sortant des sables d'Alexandrie, vous trouverez peut-être notre Égypte moins mauvaise qu'on ne peut le croire d'abord. Ibrahim-Bey est à Gaza ; il nous menace d'une invasion ; il n'en fera rien ; mais nous, qui ne menaçons pas, nous pourrions bien le déloger de là. Croyez au désir que j'ai de vous voir promptement rétabli, et au prix que j'attache à votre estime et à votre amitié. Je crains que nous ne soyons un peu brouillés ; vous seriez injuste si vous doutiez de la peine que j'en éprouverais. Sur le sol de l'Égypte, les nuages, lorsqu'il y en a, passent en six heures ; de mon côté, s'il y en avait, ils seraient passés dans trois : l'estime que j'ai pour vous est au moins égale à celle que vous m'avez témoignée quelquefois. »

On a prétendu que ce langage n'était pas sincère ; que Bonaparte avait retenu Kléber, non par confiance dans ce qu'il pouvait faire en

Orient, mais uniquement par méfiance de ce qu'il irait faire en Europe. Le *républicain* Kléber, a-t-on dit, ne voulait partir que pour signaler au Directoire les intentions liberticides de Bonaparte, mais celui-ci l'avait deviné. C'est immédiatement après la chute du premier Empire que l'on faisait de ces belles découvertes. La vérité est que, jusqu'à ce malheureux incident financier d'Alexandrie, tout, dans la correspondance de Kléber, respire l'affection, l'enthousiasme pour Bonaparte. Supposer que de tels sentiments ont fait place tout à coup à une haine irréconciliable, sous l'impression d'une offense si vite et si noblement réparée; supposer qu'un homme tel que Kléber ait eu même l'idée d'aller faire auprès d'un gouvernement qu'il détestait, et qui le lui rendait bien, le métier de délateur, c'est bien mal connaître le caractère de cet homme, dont les défauts même ont de la grandeur. Jamais Kléber n'a mérité, jamais aussi il n'a inspiré à Bonaparte une semblable défiance. Kléber partit pour le Caire immédiatement après la réception de cette dernière lettre de Bonaparte. D'après tous les renseignements impartiaux que nous avons pu recueillir, directement ou de seconde main, l'entrevue des deux généraux fut des plus cordiales, et aucun nuage ne s'éleva entre eux jusqu'à l'expédition de Syrie.

Ces lettres trop peu connues de Kléber, pendant son commandement d'Alexandrie, ont une grande importance historique. Elles montrent que les talents de ce général étaient à la hauteur des plus grandes difficultés militaires, financières et politiques, et forment le corollaire indispensable de la correspondance de Bonaparte pendant toute la première partie de la campagne d'Égypte. Elles prouvent qu'en mainte circonstance, Kléber a vu plus juste et plus loin que Bonaparte lui-même. Ainsi, tout en s'efforçant, suivant ses instructions, de vivre en bonne intelligence avec les Turcs ; en allant même jusqu'à se compromettre pour leur épargner de trop grandes vexations pécuniaires, Kléber ne partageait pas les illusions épiques du général en chef. Il ne se flattait pas qu'on pût jamais persuader aux Turcs que c'était pour leur bien que l'armée française avait débarqué en Égypte, ni les amener à décliner l'offre des secours que leur offrait l'Angleterre pour reconquérir ce pays. Voyant ainsi les choses à un point de vue plus exact, plus pratique, il s'applique en temps utile à développer le système d'influence locale, immédiate, qui pouvait seul affermir la domination française en Égypte. La conservation d'Alexandrie, après une catastrophe comme celle d'Aboukir, et nonobstant cette longue et poignante incertitude sur le sort de Bonaparte, est une des merveilles de notre histoire militaire.

III

Pendant toute la campagne de Syrie, Bonaparte assigna constamment à Kléber le poste d'honneur; l'avant-garde, tant qu'on marcha en avant; l'arrière-garde, pendant la retraite. D'abord, ce fut sous la direction et d'après les conseils de Kléber, que Reynier, digne élève d'un tel maître, exécuta contre Ibrahim-Bey, accouru au secours de la garnison d'El-Arych, une surprise nocturne qui figure parmi les plus heureuses opérations de cette guerre. Ce beau fait d'armes, antérieur de deux jours à l'arrivée de Bonaparte, accéléra la reddition de ce poste si important d'El-Arych, l'une des clés de l'Égypte.

Kléber fit, dès sa première journée de marche

en Syrie, un rude apprentissage du désert. Guidée par des Arabes fanatiques qui l'égarèrent à dessein, l'avant-garde française erra deux jours parmi les dunes, souffrant mortellement de la chaleur et de la soif. Ce retard fut heureusement abrégé par la présence d'esprit et l'activité de Kléber, qui sut trouver d'autres guides, et se faire remettre dans la bonne direction; les premiers pelotons de sa cavalerie arrivèrent juste à temps pour dégager Bonaparte, qui, ignorant cet incident, était arrivé en droite ligne avec son état-major et une faible escorte, et trouvait l'étape de Kan Younes occupée par une forte arrière-garde ennemie.

Kléber n'eut pas de part directe à la prise de Jaffa; il s'était porté en avant vers Saint-Jean-d'Acre, pour couvrir le corps assiégeant contre une diversion probable de l'ennemi. A l'occasion de cette conquête importante, il écrivait à Bonaparte : « Vous venez de faire une fière brèche aux remparts d'Acre, par la manière brillante dont vous venez d'emporter la place de Jaffa. Recevez-en mes félicitations sincères. » De la part d'un homme dont le moindre défaut fut toujours la dissimulation, ces expressions prouvent bien qu'à cette époque toute trace de mésintelligence sérieuse entre Bonaparte et lui avait disparu. Cependant, un léger dissentiment se fit jour au sujet de la conduite ultérieure de l'expédition. Kléber aurait voulu préluder à l'attaque de Jaffa par la conquête de Naplouse, chef-lieu d'une population hostile et belliqueuse. La suite des événements prouva que c'eût été le plus sage parti ; mais Bonaparte, préoccupé des grands résultats que lui promettait la prompte occupation de la citadelle de Djezzar, préféra aller droit au but. Suivant les écrivains militaires les plus autorisés, si Bonaparte avait fait entrer la conquête de Naplouse dans ses combinaisons, au lieu de chercher à entraîner ces montagnards par des proclamations, ou à les réduire par des escarmouches accessoires dont l'insuccès ne fit qu'augmenter encore leur fanatisme, il aurait pu faire débarquer son matériel de siége à Jaffa, au lieu de l'aventurer jusque dans la rade de Kaïffa, où il fut enlevé par les Anglais, et retourné immédiatement contre nous. On ne se serait pas trouvé dans la nécessité de brusquer l'attaque avec des moyens insuffisants, circonstance qui exerça une influence décisive sur le sort du siége d'Acre et de toute la campagne.

Pendant le siége d'Acre, Kléber eut à remplir un rôle important et vraiment digne de lui. Chargé de prévenir la diversion de l'armée dite « des pachas, » il s'acquitta magistralement de cette tâche difficile. Le 11 avril, il assaillit et rejeta avec perte sur le Jourdain une partie des forces ennemies, « assemblage bizarre de fantassins et de cavaliers de toutes les couleurs et de tous les pays. » Cette affaire, connue sous le nom de combat de Ledjarra ou de Cana, valut à Kléber un compliment flatteur de Bonaparte, bien que le manque de cartouches eût annulé le résultat de la journée. Elle ne fut que le prélude d'un engagement plus décisif, dont Bonaparte vint partager la gloire. Tandis que le défaut de munitions retenait encore Kléber immobile dans son camp de Nazareth, l'armée ennemie tout entière se rassemblait presque sous ses yeux, entre le Carmel et le Thabor, dans la vaste plaine de Fouli, célèbre dans la Bible sous le nom d'Esdrelon ou de Jezraël. Kléber se hâte d'instruire Bonaparte de cette concentration menaçante, et du projet qu'il a conçu de tourner le gros de cette armée pour surprendre son camp. C'était là une de ces circonstances où il déployait dans toute leur plénitude ses admirables facultés guerrières. Pour ces deux grands capitaines, une telle situation ne comportait rien d'équivoque ; Kléber savait bien d'avance que Bonaparte ne commettrait pas la faute de se laisser acculer sous les murs d'Acre par cette armée de secours, et il prenait d'avance ses mesures pour seconder le mouvement qu'il prévoyait. Il y a là un croisement de dépêches qui n'a pas été suffisamment remarqué, et qui atteste la force d'intuition des deux grands capitaines ; chacun avait deviné ce que l'autre allait faire. Kléber sollicite des renforts, ils sont déjà en route ; il insiste sur l'utilité de barrer le passage du Jourdain, et Murat vient de recevoir l'ordre de se diriger vers le pont d'Yakoub. Il se prépare à manœuvrer de lui-même pour placer les auxiliaires de Djezzar entre deux feux, et Bonaparte lui écrit : « Si, dans les différents mouvements qui peuvent se présenter, vous trouvez moyen de vous mettre entre eux et le Jourdain, il ne faudrait pas être retenu par l'idée que cela les ferait marcher sur nous ; nous nous tenons sur nos gardes, nous en serions bien vite prévenus, et nous irions à leur rencontre (13 avril). »

La grande journée du mont Thabor (15 avril) avait mal commencé du côté de Kléber. Cette fois encore, des guides infidèles l'égarèrent et firent manquer son projet de surprise nocturne. Enveloppés, submergés par la cavalerie ennemie, par les flots d'ardente poussière qu'elle soulevait en tourbillonnant et revenant se heurter contre eux, les 2,000 hommes de Kléber en combattirent sans relâche 30,000 pendant sept heures, sous un soleil ardent. Leur ordre de bataille était pareil dans son ensemble à celui que Bonaparte avait employé à Chébreïss et à Gizeh. Kléber opposait à son tour aux charges réitérées des mamelucks et des janissaires, non moins redoutables, l'inexpugnable carré, redoute vivante flanquée d'artillerie ; mais il avait à surmonter des périls plus grands et de plus d'un genre. La disproportion numérique était bien autrement forte sur ce nouveau champ de bataille ; les soldats de Kléber n'avaient pas seulement à résister aux masses de cavalerie. Aux Pyramides, la misérable infanterie de Mourad n'avait su que fuir ; au mont Thabor, il fallait repousser, dans l'intervalle des charges de cavalerie, des nuées de Naplousains, d'Arnautes, de Moghrebins, fanatiques dont la persistance intrépide rappelait à Kléber les tirailleurs vendéens. Déjà ce général, toujours calme et superbe au fort du péril, avait donné l'ordre de ménager les munitions pour pouvoir, au pis aller, se soutenir jusqu'au soir, quand enfin retentit le canon de Bonaparte. A ce signal de délivrance et de victoire, ces incomparables soldats ne sentent plus la fatigue; ils prennent impétueusement l'offensive, enlèvent le village de Fouli, occupé par l'infanterie ennemie. Le reste de la bataille appartient à Bonaparte, qui, par ses habiles dispositions, divise, disperse ces masses ébranlées, les fait rétrograder précipitamment vers des passages interceptés d'avance, et change ainsi leur retraite en complète déroute. Bonaparte et Kléber s'abordent enfin, s'embrassent sur le champ de bataille conquis par leur commun effort : « Général, vous êtes grand comme le monde! » s'écrie Kléber dans un mouvement d'irrésistible enthousiasme. Personne n'était plus capable que lui d'apprécier le mérite des combinaisons qui venaient d'achever la victoire. Bonaparte, de son côté, comprenait bien et se plut à reconnaître publiquement que Kléber en avait comme posé les bases par son sang-froid et sa ténacité. Dans son rapport, il s'oublia presque lui-même pour reporter sur son lieutenant la gloire de cette journée [1].

On a beaucoup trop parlé, suivant nous, d'une nouvelle mésintelligence qui aurait surgi entre eux devant Acre ; de la vive improbation manifestée par Kléber sur certains détails de la conduite du siége. En allant au fond des choses, on ne trouve d'autres témoignages de cette improbation que deux propos ironiques rapportés, l'un par Marmont, qui était alors à Alexandrie ;

1. « Le résultat de la bataille d'Esdrelon ou mont Thabor fut la défaite de vingt-cinq mille hommes d'infanterie et de dix mille de cavalerie par quatre mille Français, la prise de tous les magasins de l'ennemi, de son camp, et sa fuite en désordre vers Damas. Ses propres rapports faisaient monter sa perte à plus de cinq mille hommes. Il ne pouvait comprendre qu'au même moment il eût été battu sur une ligne de neuf lieues, tant les mouvements combinés sont inconnus à ces barbares. » (Berthier, *Campagne d'Égypte*.) Cette affaire offre une similitude frappante avec les grandes batailles d'Alexandre.

l'autre par Bourienne, témoin d'une véracité suspecte. Mais, quand même il serait vrai que Kléber aurait critiqué la précipitation et l'imperfection des premiers travaux d'approche, en disant que dans des tranchées aussi peu profondes, un homme de sa taille ne se trouvait à couvert que jusqu'aux genoux (Bourienne); quand même il aurait dit, dans le conseil tenu la veille du premier assaut, que la brèche n'était praticable que pour un chat (Marmont), et donné le très-sage avis de ne pas brusquer l'attaque dans de telles conditions, est-il raisonnable d'en induire un système suivi de malveillance et de dénigrement? Une pareille hypothèse ne se soutient pas devant la bienveillance et la confiance persistantes de Bonaparte, attestées non-seulement par des écrits, mais par des faits. Si Kléber avait montré tant de mauvais vouloir dès le début du siége, Bonaparte ne lui aurait pas sans doute remis la conduite des opérations sur le Jourdain. Il se serait surtout dispensé de lui raconter jour par jour, dans sa correspondance, le détail des travaux du siége, sans lui dissimuler aucun obstacle, aucune déception, laissant même échapper des aveux tels que celui-ci : « Nos moyens seraient suffisants si nous étions à même de ne pas regarder à vingt-quatre heures près (21 avril). » Ce n'est ni à un ennemi déclaré, ni à un ami douteux, qu'on fait de semblables confidences. Quelques semaines plus tard, quand, après un nouvel assaut encore infructueux, la retraite est décidée, quand Bonaparte subit ce premier échec, en quelque sorte encore honorable pour la France, puisqu'il est dû surtout à l'intervention de deux émigrés français, renégats, non de leur religion, mais de leur patrie, nous retrouvons Kléber chargé de la direction de l'arrière-garde, c'est-à-dire du commandement le plus difficile, de celui qui implique la plus entière confiance de la part du général en chef. Au retour, malgré les « quelques mouvements d'impatience » qu'il avait laissés échapper pendant la retraite, Kléber est chargé du gouvernement important de Damiette, et obtient de Bonaparte un témoignage exceptionnel de satisfaction, un acte de donation de la maison qu'il avait précédemment occupée au Caire (lettre du 28 juin). Bonaparte décerne à Kléber cette récompense nationale quelques jours seulement avant le débarquement des Turcs à Aboukir; et dans cette dernière circonstance encore, la correspondance de Kléber constate de sa part la prompte intelligence de la situation, l'empressement le plus loyal à exécuter les mouvements prescrits par le général en chef.

IV

Nous arrivons à la circonstance la plus délicate de la vie de Kléber, sa nomination au commandement en chef de l'armée d'Égypte, au moment du brusque départ de Bonaparte.

Ce retour d'Égypte, salué par les contemporains d'une acclamation qui retentit encore dans l'histoire, a été gravement incriminé après la chute de Napoléon. Les mots de désertion, de révolte ont été prononcés à cette occasion. La *Correspondance* de Napoléon fournit de nouveaux éléments de justification contre ces reproches. Elle prouve d'abord qu'une absence si prolongée n'entrait originairement ni dans les prévisions de Bonaparte, ni dans celles des membres du Directoire. Autrement, il ne leur aurait pas écrit, dès le mois de septembre 1798 :

« Je ne pourrai être à Paris *comme je vous l'avais promis*, mais cela ne tardera que de quelques mois. » Le désastre naval d'Aboukir, et la déclaration de guerre de la Turquie, rendaient en effet son œuvre en Égypte, bien plus difficile. L'interruption des communications entre la France et lui fut un des plus puissants moyens de succès de la nouvelle coalition; Bonaparte ignora trop longtemps à quel point son retour était nécessaire. On voit, par sa correspondance, qu'à l'époque où il parut devant Acre (avril (1799), ses dernières nouvelles de France s'arrêtaient au 6 juillet de l'année précédente, que les dépêches qu'il reçut au mois de juin suivant, annonçant l'invasion des royaumes de Sardaigne et de Naples, n'allaient encore que jusqu'au commencement de février. Une dépêche expédiée en mars avouait la défaite de l'armée du Danube ; elle ne parvint pas à destination. Il en fut de même d'une lettre du 26 mai, écrite sous la double pression de l'opinion publique et des circonstances. Cette lettre, qui fut longtemps ignorée, dont plus tard on a suspecté injustement l'authenticité, autorisait formellement, ou plutôt invoquait le retour de Bonaparte, avec son armée ou même sans elle, si elle ne pouvait être ramenée immédiatement en France, et si la présence de Bonaparte en Égypte n'était pas rigoureusement indispensable. A défaut de cette autorisation, Bonaparte restait dans les termes de ce qui avait été verbalement convenu à Paris, c'est-à-dire avec une latitude complète d'appréciation, sous sa responsabilité, pour tout ce qui concernait la conduite et la durée de l'expédition.

Ses plus sinistres pressentiments furent dépassés, quand, par suite des relations établies avec Sidney-Smith pour un cartel d'échange après la défaite des Turcs, il eut à sa disposition des gazettes anglaises et allemandes allant jusqu'au 10 juin, et reçut en plein cœur la nouvelle que l'Italie était entièrement perdue. Sidney Smith, que Bonaparte maltraite un peu trop dans ses lettres, lui rendit là, involontairement, un service qui compensait presque le désastre de notre armée navale. Au lieu de le décourager par cette communication, il accéléra son retour en France.

L'écrivain éminent que Napoléon institua, par testament, son défenseur au tribunal de l'histoire, M. Bignon, a résumé en ces termes la justification du retour d'Égypte :

« La conduite de Bonaparte, même en faisant abstraction du succès et de toute permission antérieure peut se justifier par la simple puissance du raisonnement. Bonaparte a la conscience de sa force, il se dit : « La France est déchirée au dedans, vaincue au dehors ; je puis lui rendre la paix intérieure et la victoire. Cette armée que je commande n'a pas de secours à espérer, tant que la France sera mal gouvernée. Il ne m'arrivera pas de renfort, tout le fruit de mon habileté sera de conserver six mois, un an au plus, la possession de l'Égypte. Ce que je ferai, Kléber peut le faire comme moi. En quittant mon armée, je puis la servir mieux qu'en restant auprès d'elle. Ces réflexions ressortaient de la nature même de son caractère et de sa position. Il les a nécessairement faites ; il a dû partir. »

Bonaparte laissa le commandement à Kléber, qu'il jugeait avec raison le plus capable de le remplacer comme administrateur et comme guerrier. Dans les instructions détaillées qu'il lui laissa, toutes les éventualités militaires et politiques étaient prévues, discutées avec une précision et une netteté prodigieuses en pareille circonstance. Bonaparte n'épargnait rien pour atténuer la secousse morale qu'allait inévitablement causer son départ. C'était un grand mal, sans doute, mais son absence d'Europe en était un plus grand. Kléber pouvait remplacer Bonaparte en Égypte, mais Bonaparte ne pouvait et ne voulait être remplacé par personne en France. Il n'entendait pas non plus y rester longtemps privé de Desaix ; « l'intention du Gouvernement, écrivait-il, était que ce général partît dans le courant de novembre. » Un de ces pressentiments qui ne sont peut-être qu'un degré supérieur d'intuition chez les hommes de génie, avertissait sans doute Bonaparte qu'il pourrait bientôt avoir besoin dans quelque circonstance décisive d'un homme tel que Desaix. C'était bien assez déjà de sacrifier Kléber à l'Égypte, et Bonaparte le sacrifiait, hélas ! plus qu'il ne pensait.

Nous citerons encore, à cette occasion, un fait curieux, attesté par l'un des historiens de cette époque, qui le tenait de bonne source. Avant l'expédition d'Égypte, Bonaparte avait remis au Directoire une note détaillée sur le projet d'une descente en Angleterre. Cette note figure dans sa *Correspondance*, sous la date du 24 germinal an VII ; c'est le programme de la grande entreprise qu'il faillit réaliser en 1804. Bonaparte estimait à cette époque que tous les moyens nécessaires ne pourraient être réunis avant l'hiver de 1799, et « il avait été convenu qu'il reviendrait en France pour cette époque, après avoir établi son armée en Égypte, *où il la laisserait sous le commandement de Kléber.* » Ce fait a été certifié à l'historien Thibaudeau par Merlin de Douai, l'un des directeurs alors en exercice, qui assistait à la conversation, et prenait évidemment un intérêt assez vif à la durée probable du séjour de Bonaparte en Égypte, puisque son propre fils partait avec le général en chef en qualité d'aide de camp[1]. Sans doute, cette éventualité n'était considérée alors de part et d'autre que comme une simple probabilité, et nous n'en voulons inférer qu'une chose, l'idée déjà arrêtée par Bonaparte et approuvée d'avance, de se faire remplacer au besoin par Kléber, de préférence à tout autre.

1. Thibaudeau, *Guerre d'Égypte*, t. Ier, p. 201.

Depuis, Bonaparte avait vu Kléber à l'œuvre, et demeurait plus que jamais convaincu qu'il ne pouvait se choisir un plus digne successeur. Mais, d'un autre côté, l'expérience qu'il avait faite pendant cette année de campagne du caractère de Kléber, de sa répugnance pour la responsabilité du commandement, de son antipathie pour tout rapport immédiat avec le Directoire, avait convaincu aussi Bonaparte que, pour le contraindre à se charger d'un pareil fardeau, il fallait le lui imposer par surprise, en le plaçant dans une situation telle, que tout refus devînt impossible. Cette conduite suffit pleinement pour expliquer la conduite de Bonaparte dans cette circonstance, et surtout la préméditation qu'il mit visiblement à éviter toute explication verbale. Il savait bien qu'avec un pareil chef, l'armée se soutiendrait en Égypte, et même facilement. Dans les instructions laissées à Kléber, on remarque cette phrase vraiment prophétique : « La place importante que vous allez occuper en chef va vous mettre à même enfin de déployer les talents que la nature vous a donnés. » L'événement dépassa ses prévisions, puisque Kléber sut, non pas seulement conserver l'Égypte, mais la reconquérir après l'avoir abandonnée en grande partie.

Nous rencontrons ici un exemple remarquable des rectifications que la *Correspondance de Napoléon* peut apporter aux jugements des historiens qui semblaient auparavant le mieux informés. Ainsi, M. Thiers, faisant entre Desaix et Kléber une comparaison tout à l'avantage du premier, regrettait presque que le commandant en chef n'eût pas été plutôt déféré à celui-là. La *Correspondance* nous apporte la preuve qu'au moment même où Bonaparte se préparait à partir, il se voyait contraint, tout en félicitant Desaix sur ses belles opérations militaires dans la haute Égypte, de lui adresser une verte réprimande à propos de finances et d'administration. Trop exclusivement préoccupé des besoins immédiats de sa division, Desaix avait été jusqu'à prendre pour elle de l'argent dans les caisses des provinces qui n'étaient pas sous son commandement. Aussi, Bonaparte lui écrivait, peu de jours avant son départ déjà résolu : « C'est n'avoir ni zèle pour la chose publique, ni considération pour moi, que de ne voir, dans une opération de la nature de celle-ci, que le point où l'on se trouve. » Le 17 août encore, c'est-à-dire la veille de ce départ, Bonaparte réprimandait le commandant de la province de Beny-Soueyf (Zayonzek), pour s'être prêté aux exigences irrégulières de Desaix. Ces critiques ne compromettent en rien la probité de ce général, mais on ne peut s'empêcher de reconnaître que Kléber avait fait preuve d'une capacité administrative bien supérieure pendant son commandement d'Alexandrie, et que Bonaparte ne pouvait se choisir un plus digne successeur.

La violente irritation de Kléber en trouvant, comme il dit, « l'oiseau déniché ; » en se voyant investi du commandement sans avoir eu la faculté de le refuser ni même de se faire prier ; ses plaintes acrimonieuses au Directoire, sont des faits tombés depuis longtemps dans le domaine de l'histoire, et qu'on voudrait pouvoir rayer de cette belle vie. Toutefois, il y aurait bien des circonstances atténuantes à faire valoir au sujet de cette faute, d'ailleurs si promptement et si glorieusement effacée. On a cru reconnaître, dans ces démonstrations violentes, l'explosion d'une haine longtemps comprimée. La correspondance entière de Kléber jusqu'à ce départ, et, mieux que cela, ses actions protestent contre cette interprétation. La querelle d'Alexandrie n'a été qu'un nuage assez noir, mais bientôt dissipé. Les relations contemporaines n'imputent à Kléber, pendant la dernière partie de l'expédition de Syrie, que « quelques mouvements d'impatience » assez excusables après tout de la part d'un homme qui venait de perdre un de ses amis les plus chers (Caffarelli) dans ce siége sanglant et infructueux. Bonaparte lui-même s'est montré plus juste pour ce général, que ces courtisans du succès, qui, après le 18 brumaire et la mort de Kléber, ont fait ressortir et aggravé avec tant d'amertume les vivacités passagères du nouveau chef de l'armée d'Orient. Des documents irrécusables attestent que Kléber n'agit pas, comme on l'a tant répété, sous l'empire d'une rancune continue contre son prédécesseur. Sans doute, le premier choc avait été pénible, pareil à ces coups qui portent sur la cicatrice d'une ancienne blessure et en ravivent momentanément toutes les douleurs. Ce fut sous cette première impression, et quand il ignorait encore le nom du nouveau commandant en chef, que Kléber adressa à Menou une lettre que celui-ci eut plus tard le tort inqualifiable de livrer à Bonaparte : « J'espère, écrivait Kléber, que vous aurez la complaisance de me donner des détails sur le départ de *notre héros et de ses dignes compagnons.* » Cette boutade avait été écrite le matin du 25 août ; dans l'après-midi, Kléber, qui venait de recevoir ses instructions, était déjà singulièrement calmé. « L'intérêt de la patrie, écrivait Bonaparte, sa gloire, l'obéissance, les événements extraordinaires qui viennent de se passer, me décident seuls à passer au milieu des escadres ennemies pour me rendre en Europe. Je serai d'esprit et de cœur avec vous. Vos succès me seront aussi chers que ceux où je me trouvais en personne ; et je regarderai comme mal employés tous les jours où je ne ferai pas quelque chose pour l'armée dont je vous laisse le commandement, et pour consolider le magnifique établissement dont les fondements viennent d'être jetés. L'armée, que je vous confie est toute composée de mes enfants ; j'ai eu dans tous les temps, même au milieu des plus grandes peines, des marques de leur attachement. Entretenez-les dans ces sentiments ; vous le devez à l'estime particulière que j'ai pour vous, et à l'attachement vrai que je vous porte.»

Cette dépêche, écrite d'un bout à l'autre sur ce ton d'affectueuse confiance, était bien propre à calmer la mauvaise humeur de Kléber, et sa nomination comme commandant en chef lui enlevait tout prétexte raisonnable de mécontentement. Mais il aurait évidemment mieux aimé accompagner Bonaparte que le remplacer, et lui en voulait encore un peu de ne pas l'avoir mis dans la confidence de son projet. Aussi écrivait-il à Menou : « Si j'approuve le motif du départ de Bonaparte, du moins me reste-t-il quelque chose à dire sur la forme. »

Bientôt cependant, il s'opère dans ses pensées un revirement spontané, dont il faut lui tenir compte. « Reprenant avec le pouvoir les sentiments qu'il avait si longtemps professés pour son chef, il adopte ses vues, sa politique, et adresse aux chefs de corps une circulaire où la question du départ est présentée sous son véritable jour. » Ces dispositions salutaires l'accompagnent au Caire ; elles éclatent dans sa première proclamation à l'armée, dans sa réponse à la députation du divan. Cette réponse, aussi sage qu'éloquente mérite d'être citée en entier.

« Ulémas, et vous tous qui m'écoutez, c'est par mes actions que je me propose de répondre à vos demandes. Mais les actions sont lentes, et le peuple semble être impatient de connaître le sort qui l'attend, sous le nouveau chef qui lui est donné. Eh bien ! dites-lui que le gouvernement de la République française, en me conférant le gouvernement de l'Égypte, m'a chargé spécialement de veiller au bonheur du peuple égyptien ; et de tous les attributs de mon commandement, c'est le plus cher à mon cœur.

« Le peuple de l'Égypte fonde principalement son bonheur sur sa religion ; la faire respecter est donc un de mes principaux devoirs. Je ferai plus ; je l'honorerai et contribuerai, autant qu'il est en mon pouvoir, à sa splendeur et à sa gloire. Cet engagement pris, je crains peu les méchants : les gens de bien les surveilleront et me les feront connaître. Là où l'homme juste et bon est protégé, le pervers doit trembler, le glaive est suspendu sur sa tête.

« Bonaparte, mon prédécesseur, a acquis des droits à l'affection des cheiks, des ulémas et des grands par une conduite intègre et droite ;

je la tiendrai, cette conduite ; je marcherai sur ses traces et j'obtiendrai ce que vous lui avez accordé. Retournez donc parmi les vôtres ; réunissez-les autour de vous et dites-leur encore : « Rassurez-vous ; le gouvernement de l'Égypte a passé en d'autres mains, mais tout ce qui peut être utile à votre félicité, à votre prospérité, sera constant et immuable ! »

Pendant les premières semaines de son séjour au Caire, Kléber paraissait fort peu inquiet des mouvements du grand-vizir, dont il fit, quelques semaines plus tard, un tableau si effrayant. Il en plaisantait même dans ses lettres à Desaix ; tantôt il lui montrait Joussouf-Pacha perdu dans les sables avec ces 90,000 hommes de troupes, *fatales à leurs ennemis*, qu'il voulait mener droit au Caire, « se tenant de sa personne à l'arrière-garde ; » tantôt, il annonçait les éléphants du vizir, et promettait d'organiser à Desaix une belle division pour les combattre. Les tentatives d'attaque par mer lui semblaient moins sérieuses encore.

Malheureusement, Desaix était loin, et Kléber reçut bientôt, au Caire, d'autres impressions. Il s'y trouva en contact journalier avec les deux personnages les plus mécontents de la colonie, le commandant du Caire et l'administrateur Poussielgue, tous deux inconsolables, furieux de rester sans Bonaparte, de n'avoir pas été mis dans le secret du départ, de n'avoir pas su au moins le deviner. « Bonaparte nous a joués, » écrivait Poussielgue, qui s'était considéré comme un des « inséparables » du général en chef. Celui-ci ne l'avait pourtant pas oublié ; il le recommandait vivement à la confiance de Kléber comme « travailleur et homme de mérite. » Poussielgue en profita pour se venger de ce qu'il appelait la perfidie et l'ingratitude de Bonaparte, en exagérant à son successeur les difficultés administratives et financières de la situation. Kléber, connaissait encore trop peu l'Égypte pour ne pas s'en rapporter, dans les premiers moments à ceux qui, suivant l'expression même de Bonaparte, avaient constamment été « au centre » depuis la conquête. Blessé devant Alexandrie, il n'était sorti de cette place que pour venir achever sa convalescence au Caire, et faire la campagne de Syrie. Chargé au retour du commandement de Damiette, il était resté sur la lisière du désert, et n'avait vu du Delta que la partie la moins cultivée. Il arrivait donc au Caire sans idée bien arrêtée sur les ressources que pouvait offrir la colonie, et disposé à une confiance absolue dans l'homme que lui recommandait Bonaparte.

De son côté, Poussielgue, froissé de ce qu'il appelait la cachotterie de Bonaparte, calculant qu'il pourrait bien être pris en route, ou tomber en disgrâce s'il arrivait à bon port, présenta à son successeur la situation financière sous le jour le plus sombre. Il voyait à cela le double avantage de se faire valoir auprès de Kléber en l'aidant à surmonter ces obstacles exagérés, et, par suite, de faire valoir davantage le successeur de Bonaparte auprès du gouvernement français. Il était bien loin de s'imaginer que Bonaparte lui-même allait se trouver placé à la tête de ce gouvernement, et devenir le juge souverain de toute cette intrigue. La conduite de Poussielgue dans cette circonstance compromit sans retour une fortune qui promettait d'être brillante [1] : elle a été sévèrement jugée

1. Poussielgue, homme actif et capable, avait su s'attacher l'un des premiers à la fortune de Napoléon dès 1796, et lui avait été fort utile jusqu'en 1799. Sa con-

par les écrivains les plus hostiles à Napoléon. « Les *créatures* de Bonaparte, dit M. Martin [1], n'avaient pas le droit de l'outrager... Elles devaient lui rester dévouées, même au besoin prendre sa défense ; au lieu de cela, elles l'accablèrent ! »

Ce fut sous cette inspiration que Kléber adressa au Directoire le trop fameux rapport du 26 septembre, où l'on regrette de trouver des insinuations malveillantes contre Bonaparte et un tableau fort assombri, à dessein, de la situation dans laquelle il laissait l'armée et les colonies. Cependant, parmi les allégations inexactes que contient ce rapport, il est juste de distinguer celles qui ne sont que la reproduction des renseignements donnés par Poussielgue ou Dugua, comme le mauvais esprit de la majorité de

duite, dans cette circonstance, lui fit perdre tout le fruit de ses services. Quand plus tard le ministre Gaudin reparla de lui à Napoléon, devenu Empereur, celui-ci fronça le sourcil et dit : « Poussielgue est mort en Égypte. » Il finit cependant par autoriser le ministre à l'employer, mais comme subalterne.

1. Ingénieur distingué, ancien membre de la commission d'Égypte, et auteur d'une histoire de l'expédition publiée en 1814 et 1815 ; c'est tout dire.

la population, l'insuffisance irrémédiable des ressources financières, etc.; et celles dont la responsabilité demeure à Kléber et à son état-major, comme l'exagération sciemment calculée des ressources militaires des chefs mameluks, des Turcs et de leurs alliés; du dénûment et de la diminution de l'armée. La plupart de ces assertions ont été victorieusement démenties depuis par la conduite ultérieure et les succès de Kléber, et par les observations et les calculs de Napoléon.

Toutefois, il importe d'observer qu'à l'époque où ce rapport malencontreux fut rédigé et expédié, l'idée d'un abandon immédiat était encore loin de la pensée de Kléber. S'il parlait déjà de restituer l'Égypte, ce n'était que sous la condition du maintien de l'occupation militaire jusqu'à la paix entre l'Angleterre, la France et la Turquie. Dans les observations qu'il a dictées plus tard sur cette dépêche, le prisonnier de Sainte-Hélène convient lui-même que cela « était bien projeté, » mais il ajoute « qu'il y a loin de là à la convention. » Cela est vrai, mais la situation générale des affaires, prise à la date où l'on pouvait la connaître en Égypte, avait subi dans l'intervalle un changement encore plus grand.

Nous avons cherché en vain, dans la correspondance diplomatique de Kléber, des traces de sa prétendue faiblesse. Lors de la première dépêche qui lui arrive du grand-vizir, sommation insolente, encore adressée à Bonaparte, Kléber écrivait à Menou : « Il faut, après cela, renoncer à traiter avec les ministres de la Sublime-Porte, ou se couvrir et s'envelopper d'infamie. » Mais cette lettre fut suivie, quelques jours après, d'une autre presque respectueuse ; celle-là était écrite « à l'honoré et estimé Kléber, etc., » *dont la fin puisse être heureuse*, par ce même grand-vizir qui devait le faire assassiner quelques mois plus tard; puis Sidney Smith intervint, pour reproduire et appuyer la proposition d'embarquement et de transport immédiat en France, qu'il avait déjà faite à Bonaparte en Syrie, et qui se retrouvait dans toutes les dépêches turques. Suivant Smith, il n'était que temps de l'accepter. « La politique, disait-il, en exigerait peut-être déjà la rétractation ; mais la politique des Anglais est de tenir leur parole, quand même cette ténacité pourrait nuire à leurs intérêts du jour. »

Kléber, de son côté, n'était pas si pressé au début de la négociation qu'on l'a prétendu depuis. Avant janvier 1800, il espérait encore un puissant secours maritime, ou du moins de meilleures nouvelles de France. On le sent dans cette belle réponse aux instances anglaises : « Vous n'avez jamais sérieusement pensé qu'une armée française et chacun des individus qui la composent pussent écouter des propositions incompatibles avec la gloire et l'honneur. Partout où l'on sert son pays l'on est bien, et l'Égypte n'est pas plus un exil que les mers orageuses que vous êtes contraints d'habiter. Les Français n'ont jamais demandé à quitter la terre d'Égypte uniquement pour rentrer dans leur patrie ; mais ils la quitteraient avec empressement, si cette évacuation pouvait devenir le prix de la paix générale... Que les armées françaises aient éprouvé des revers au delà des Alpes : c'est une bataille perdue qui nous a ôté l'Italie, une bataille gagnée nous la rendra. » Cette prophétie devait s'accomplir à Marengo, le jour même de la mort de Kléber. « Il est temps, disait-il encore, que deux nations qui peuvent ne pas s'aimer, mais qui s'estiment, que les deux nations les plus civilisées de l'Europe cessent de se battre. » A cette époque (30 octobre), Kléber n'allait pas encore au delà de la proposition qu'il avait faite dans sa lettre du 21 septembre précédent au grand-vizir, et dont Bonaparte lui-même a dit depuis qu'elle était « bien projetée. » Il offrait de convenir en principe que l'évacuation de l'Égypte aurait lieu aussitôt la conclusion des préliminaires de paix entre l'Angleterre, la France et la Turquie.

Le commodore Sidney Smith, que les écrivains français ont traité en général trop sévèrement, avait voulu d'abord suivre dans cette affaire un système que nous ne saurions blâmer, car il a souvent été employé aussi par Napoléon. Il prétendait négocier en se battant, pensant qu'un échec rendrait les Français plus faciles sur les conditions de l'évacuation immédiate. L'échec fut de son côté ; l'arrière-garde de l'armée turque, anéantie à Aboukir, fut écrasée à son tour sur les bords du lac Menzaleh, témoins aujourd'hui de travaux non moins nobles et plus pacifiques, également accomplis par des Français. Dans la haute Égypte, une attaque anglaise sur Cosséir avait été pareillement repoussée avec perte. Kléber, pensant à son tour que ces échecs rendraient l'ennemi plus traitable, jugea à propos de poursuivre les négociations avec Sidney Smith. Celui-ci venait d'être chargé formellement par le grand-vizir « de négocier l'affaire de l'évacuation ; » à plus forte raison devait-on le croire muni de pouvoirs suffisants pour stipuler au nom de la Grande-Bretagne. D'après les instructions remises par Kléber, le 16 frimaire an VIII, à Poussielgue et Desaix, ses plénipotentiaires, le consentement à l'évacuation ne devait être accordé que sous la triple condition de la dissolution de l'alliance russe, anglaise et turque, de la restitution des îles Ioniennes, d'une garantie pour Malte. S'ils se trouvaient en présence de nouvelles désastreuses d'Europe, ils étaient autorisés, non à stipuler l'évacuation immédiate, mais seulement à réclamer le délai nécessaire pour demander et recevoir les ordres du gouvernement français à ce sujet.

Les négociations, commencées à bord du vaisseau de Sidney Smith, où, de l'aveu des plénipotentiaires, le mal de mer les paralysa absolument pendant deux semaines, se poursuivirent au camp du grand-vizir. C'est surtout pendant cette dernière période que la conduite de Kléber a été vivement critiquée par d'éminents historiens. Ils lui reprochent d'avoir forcé la main à ses propres plénipotentiaires, d'avoir même dépassé, par son empressement à offrir de se retirer de l'Égypte, les espérances de l'ennemi. Dans cette circonstance difficile, personne n'a mieux défendu la cause de Kléber que lui-même. Les vrais motifs de sa conduite sont résumés avec autant de lucidité que d'énergie dans sa lettre du 3 janvier 1800. Kléber venait de recevoir une collection de journaux allemands allant jusqu'au 10 octobre précédent. Pour la première fois, il pouvait apprécier l'ensemble de nos revers dans cette campagne, et c'était sous cette impression qu'il se désistait d'une notable partie des exigences antérieures, pour hâter le retour de son armée en Europe.

« Si jamais le deuxième paragraphe de la lettre du général Bonaparte doit être applicable à une circonstance, c'est bien à celle-ci : l'Italie perdue, l'armée navale sortie de la Méditerranée et bloquée dans le port de Brest, la flotte hollandaise au pouvoir de l'ennemi, les Russes et les

Anglais dans la Hollande, Muller battu sur le Rhin, les frontières de l'Alsace livrées à la défense de ses habitants, la Vendée ressuscitée de ses cendres, et Mayence en feu. Enfin, le Corps législatif proposant de déclarer la patrie en danger, et rejetant cette proposition, non parce que le danger n'existe pas réellement, mais parce que la déclaration qui pourrait le constater n'y apporterait aucun remède. Quoi de plus alarmant [1] !

« D'après cela et la situation plus que pénible où je me trouve, et qui devient de jour en jour plus difficile, je crois, comme général

1. On s'étonnera peut-être que Kléber, dans cette énumération, passe sous silence la victoire de Masséna à Zurich, qui avait atténué en partie l'effet de ces désastres. Mais Kléber ne connaissait à cette époque les événements que par les gazettes allemandes, qui ne parlaient pas, ou parlaient à peine de l'affaire de Zurich. D'ailleurs, il s'en fallait bien que cette victoire eut débarrassé la France de tous ses dangers extérieurs. Les Russes avaient été chassés de l'Helvétie, mais nos frontières restaient menacées sur le Rhin et le Var, sans parler de l'invasion anglo-russe du côté de la Hollande, dont Kléber ne pouvait connaître l'avortement final. Mais, après la chute du premier Empire, on découvrit que, grâce à Masséna, la France n'aurait pas eu besoin du retour de Bonaparte,

et comme citoyen, devoir me relâcher de mes premières prétentions, et tâcher de sortir d'un pays que, sous plus d'un rapport, je ne puis conserver, duquel on ne paraît même pas s'occuper en France, si ce n'est pour improuver sa conquête. L'espoir d'un renfort prompt et suffisant devait nous engager à gagner du temps ; cette espérance détruite, le temps que nous passons ici est perdu pour la patrie.

« *Hâtons-nous de lui porter un secours qu'elle est hors d'état de nous faire parvenir.* En conséquence, dès que l'on vous proposera la simple neutralité de la Porte ottomane pendant la guerre, et la libre sortie de l'Égypte avec armes, bagages et munitions, avec la faculté de servir *partout et contre tous* à notre retour en France, vous devez conclure le traité sans hésiter, et je m'empresserai de le confirmer. »

Cette lettre modifiait sensiblement, comme on voit, les instructions primitives, puisqu'elle ne faisait plus dépendre le consentement à l'évacuation que d'un point unique, la neutralité de la Porte. Le malheur fut que Kléber, dans son impatience, ne se contenta pas de faire connaître ses nouvelles intentions aux plénipotentiaires français, qui discutaient encore avec Sidney Smith à bord du *Tigre*; il proposa directement la même chose au grand-vizir. On doit reconnaître qu'il y eut là une contradiction fâcheuse entre le langage du général en chef et celui que tenaient en même temps les plénipotentiaires, en vertu de leurs premières instructions. Ayant acquis, dans leurs conférences avec Smith, la certitude que les Turcs ne voulaient ou plutôt ne pourraient pas se dégager de l'alliance anglo-russe, même au prix de l'évacuation immédiate, ils s'étaient rabattus sur la demande du délai nécessaire pour « l'envoi et le retour d'un courrier parlementaire. » Sur ce point, ils avaient obtenu gain de cause du commodore qui avait promis ses bons offices auprès du grand-vizir, pour lui faire agréer cet atermoiement. Kléber n'avait pas reçu la dépêche qui contenait ces détails, quand il s'était laissé entraîner à subordonner son départ immédiat à la seule condition de la neutralité de la Porte. Mais, quand même il aurait été avisé en temps utile, sa disposition d'esprit était telle, en ce moment, qu'il eût probablement considéré un délai *ad referendum*, non comme un avantage, mais comme un danger de plus pour la France. Sur ces entrefaites, un incident déplorable, la surprise du fort d'El-Arych, l'une des clefs de l'Égypte, vint précipiter le dénoûment [1]. Cet avantage, bien qu'obtenu d'une façon peu honorable, rendit naturellement nos adversaires plus exigeants. Kléber et les plénipotentiaires acquirent bientôt la conviction qu'il fallait ou rompre la négociation, ou traiter de l'évacuation immédiate, sans plus la subordonner à aucune condition politique. Dans cette situation extrême, Kléber, considérant comme son devoir le plus impérieux de remettre dans le plus bref délai possible l'armée d'Égypte à la disposition de la France, autorisa les plénipo-

1. Les détails de cette surprise sont racontés d'une manière fort différente par les écrivains anglais et français. Il paraît toutefois certain que le bruit habilement répandu et exploité du prochain retour de l'armée en France exerça une influence fatale sur la majorité de la garnison ; qu'elle défendit mal les approches, et que cette opération peu loyale fut déshonorée par les cruautés des Turcs qui avaient envahi le fort. Sidney Smith et le grand visir parurent désolés de ces atrocités, mais ne rendirent pas le fort.

tentiaires à passer outre sur la question de neutralité, et à traiter de l'évacuation pure et simple (lettre du 16 janvier); mais en donnant à cette convention la forme d'un traité et non celle d'une capitulation, et en y insérant toutes les conditions accessoires relatives à l'honneur, à la gloire et à la sûreté de l'armée [1]. Cette convention célèbre fut signée au camp turc près d'El-Arych, le 24 janvier 1800, et ratifiée quatre jours après par Kléber à Salêhieh, où il avait récemment porté son quartier général, à l'extrême limite du désert [2].

Nous n'avons pas cherché à atténuer les imprudences diplomatiques de Kléber, mais nous

1. Lettre de Kléber à Sydney Smith, du 19 janvier.

2. Sidney Smith n'avait pas signé la convention, mais il résulte d'une lettre qui lui fut adressée par le grand visir à l'époque de la rupture, que « les stipulations de cet acte avaient été rédigées d'après l'avis du commodore, en sa qualité de ministre plénipotentiaire; qu'on était convenu en même temps que la Porte fournirait des finances de route, et que lui, commodore, délivrerait aux Français les passe-ports. » On voit aussi dans ce document que lord Elgin, ambassadeur anglais à Constantinople, « y avait présenté divers mémoires dans lesquels il disait que son roi n'apporterait aucune

croyons que ses lettres, dont on n'a pas suffisamment tenu compte jusqu'ici, relatent les vrais motifs de sa conduite, les seuls que l'histoire puisse définitivement accepter. S'il est si pressé de revoir la France, ce n'est ni par haine de Bonaparte, ni par impatience d'aller combattre ses projets liberticides. C'est parce que, d'après les dernières nouvelles du continent, reçues en janvier 1800, les désastres ont été plus grands, la situation, à l'intérieur comme à l'extérieur, apparaît plus menaçante que l'on n'avait pu le penser jusque-là. Bonaparte lui-même, s'il avait été retenu en Égypte, ne partirait peut-être pas seul, il n'hésiterait plus à faire ce que fait son successeur. On n'a pas assez remarqué, et Bonaparte lui-même ne s'est peut-être pas assez rappelé plus tard, le douzième paragraphe de ses instructions, invoqué par Kléber. Ce paragraphe est ainsi conçu : « Les nouvelles des succès *ou des revers* qu'aura la

difficulté dans les conventions que la Sublime Porte voudrait passer pour l'évacuation de l'Égypte. » La mauvaise foi du gouvernement anglais était donc flagrante, mais tout prouve que Sidney avait agi loyalement.

République doivent aussi influer *puissamment* dans vos calculs. » Ou cette phrase ne signifie rien, ou elle investit Kléber d'un véritable pouvoir discrétionnaire en cas d'absolue nécessité, c'est-à-dire d'extrême péril de la France. Bonaparte aurait été, dans cette circonstance, au-dessous de lui-même, s'il n'avait pas prévu la possibilité d'une aggravation des malheurs telle, que le prompt retour en France devînt le plus grand service à attendre de l'armée d'Égypte. En voyant ainsi les choses au mois de janvier 1800, Kléber se trompait sans doute, mais était-il donc si coupable ? On s'est surtout prévalu, pour l'accuser, de sages avis que lui aurait donnés Desaix, plus clairvoyant que lui, ayant dans la fortune de Bonaparte une confiance plus opiniâtre, et que l'événement justifia. On a souvent cité une de ses lettres où il engageait Kléber à ne pas accorder légèrement cet abandon de l'Égypte, précisément parce que les Anglais paraissaient y tenir si fort. « J'espère, ajoutait-il, que, *avant qu'il soit deux mois*, nous aurons des nouvelles bien intéressantes. » Mais on ne songe pas que cette lettre est du 9 novembre, c'est-à-dire antérieure de deux mois et demi à la signature de la convention, et que les nouvelles reçues dans cet intervalle, tout en mentionnant l'arrivée de Bonaparte, présentaient la situation sous un jour de plus en plus sombre. Les derniers renseignements parvenus semblaient si bien justifier ou plutôt imposer le prompt retour de cette dernière réserve française, que Desaix lui-même, malgré ses répugnances intimes, crut devoir signer la convention, non comme complice de la prétendue faiblesse de Kléber, mais comme subissant avec lui une nécessité aussi impérieuse que cruelle.

Enfin, si notre héros avait besoin d'une dernière justification, la conduite des Anglais se chargerait de nous la fournir. Les détracteurs de Kléber tombent ici dans une contradiction singulière ; tout en l'accusant d'une défaillance coupable, ils reprochent avec raison au gouvernement anglais son refus inique de ratifier la convention d'El-Arych. Or, ce refus prouve que les circonstances avaient amené ce gouvernement à envisager la situation précisément du même œil que Kléber. La grande, ou plutôt l'unique faute de celui-ci n'est donc pas la convention d'El-Arych, mais la dépêche précédente du 26 septembre, dans laquelle il avait exagéré *ab irato* les difficultés financières et militaires de sa position. Cette dépêche avait été interceptée et envoyée à Londres, où elle eut pour effet d'encourager les ministres anglais dans la résolution de regarder comme non avenue une convention qui leur semblait alors trop avantageuse pour la France. Ce refus donna un cours imprévu aux événements ; il abrégea la vie de Kléber, mais profita singulièrement à sa gloire. Sans cette dépêche interceptée, l'Angleterre eût peut-être laissé partir Kléber, et l'on ne verrait pas figurer dans nos fastes militaires le nom à jamais glorieux d'Héliopolis.

V

Nous touchons à la dernière période, si brillante, mais, hélas ! si courte, de l'existence de Kléber. On voit disparaître avec bonheur tout dissentiment, tout malentendu à propos d'un tel homme. Ceux-là même qui ont blâmé le plus sévèrement la convention, semblent n'avoir abaissé Kléber que pour l'exalter ensuite avec plus d'enthousiasme. Nous espérons avoir démontré que cette résolution extrême était au moins excusable, dans la situation exceptionnelle où se trouvait l'armée d'Égypte. Tout le tort de Kléber fut de s'exagérer le péril de la France, l'urgence d'un secours immédiat contre la guerre civile et l'invasion étrangère. Sur ce point, dans les derniers temps surtout, la plupart de ses officiers, de ses soldats même, en étaient venus à penser comme lui. Mais, ainsi qu'il arrive presque toujours quand on vient d'arrêter un parti important, irrévocable, l'évacuation de l'Égypte ne fut pas plutôt signée, qu'on se représenta plus vivement que jamais combien il eût été avantageux de pouvoir la conserver. Ce revirement prit un caractère encore plus marqué à l'arrivée du colonel Latour-Maubourg, apportant, avec la nouvelle du 18 brumaire, des gages de la sollicitude du premier Consul pour ses compagnons d'armes. Kléber lui-même dut reconnaître que, dans ses appréciations précédentes, il n'avait pas fait une part assez large à la fortune de Bonaparte. L'événement justifiait ce retour naguère si critiqué ; la situation se trouvait de nouveau intervertie. On venait de signer l'abandon de l'Égypte, avec les meilleures intentions, il est vrai ; mais, en définitive, il se trouvait que l'on aurait mieux fait de s'y maintenir dans l'intérêt de la France, et pour la satisfaction de Bonaparte, devenu l'arbitre de ses destinées. Kléber parut inquiet et mécontent de ce que le premier Consul n'avait pas jugé à propos de s'adresser à lui personnellement, se bornant à lui faire écrire par le ministre de la guerre. Il n'eut pas le temps d'apprendre que le *duplicata* de sa dépêche du 26 septembre n'était parvenu à Paris qu'après la chute du Directoire, et que c'était Bonaparte lui-même qui en avait pris connaissance. Le premier Consul avait donc fait preuve d'une modération singulière en se bornant à garder le silence. Plus tard, comme nous l'avons précédemment observé, il s'abstint de blâmer publiquement la convention d'El-Arych, prévoyant avec sa sagacité ordinaire que, dans l'intervalle, la situation avait dû changer. Kléber, de son côté, bien qu'il eût loyalement agi pour le mieux, voyait bien qu'il avait fait fausse route, et ne laissait pas d'être inquiet de l'accueil qu'il allait trouver en France. La non-ratification de la convention d'El-Arych lui rendit donc un véritable service.

Un premier avertissement avait été donné à Kléber par une lettre du général Lanusse, en date du 19 février. Une corvette venant en droiture d'Angleterre avait paru devant Alexandrie. Le capitaine de ce bâtiment avait déclaré qu'il était porteur de dépêches très-pressées pour le commodore Sidney Smith, et « qu'il avait, pour ne laisser sortir personne, des ordres que ceux de Smith ne pouvaient annuler. » Quelques jours plus tard, le voile se déchirait tout à fait; Kléber recevait, par l'intermédiaire de Sidney, la fameuse lettre de l'amiral Keith, qui devait coûter si cher aux Anglais et à leurs alliés. Keith déclarait avoir reçu des ordres positifs de ne consentir à aucune capitulation avec l'armée française d'Égypte, qu'au cas où elle mettrait bas les armes, et se rendrait à discrétion ! Sidney, qui avait vu de près les hommes auxquels on osait adresser une pareille sommation, en pressentit les conséquences. Il avertit néanmoins Kléber avec une précipitation loyale dont il faut lui tenir compte, car des indices certains autorisent à croire qu'en se pressant ainsi, il se conformait aux inspirations de sa conscience, et non aux tendances de son gouvernement. Il s'efforçait d'adoucir le coup, en faisant observer que ces ordres étaient anciens, antérieurs de plus d'un mois à la signature de la convention, qu'en laissant les choses dans le *statu quo,* jusqu'à ce qu'on en eût référé à Londres, il pouvait y avoir lieu d'espérer que le ministère reviendrait sur sa détermination. Mais en même temps il convenait, avec une louable franchise, « que la chose ne lui paraissait pas assez claire pour qu'il pût la garantir autrement que par sa détermination de soutenir ce qui avait été fait, en tant que cela dépendrait de lui. » C'était assez dire qu'il ne fallait pas compter sur un retour spéculatif d'équité de la part du gouvernement britannique, et que la parole était désormais aux événements. Il essaya pourtant, mais en vain, de contenir les Turcs. Le grand-vizir, dans le premier moment, avait montré quelque bon sens ; il semblait disposé à recourir aux voies diplomatiques pour faire agréer la convention par le gouvernement anglais. Mais bientôt, entraîné, par le fanatisme qu'il avait lui-même déchaîné, il en vint à s'imaginer que les Français n'avaient offert de se retirer que par crainte de ses armes, que ce n'était plus la peine de permettre leur retraite, puisqu'on pouvait les écraser.

Le réveil de Kléber fut celui du lion. Il fit mettre à l'ordre du jour la lettre de l'amiral anglais, en y ajoutant ces quelques mots qui électrisèrent tous les cœurs : « Soldats ! on ne répond à de telles insolences que par des victoires : préparez-vous à combattre ! » Tel fut le signal d'un des efforts les plus héroïques, les plus heureux, qui aient jamais signalé la valeur d'une armée française[1].

1. Voici le texte intégral de la lettre de lord Keith . « Monsieur, ayant reçu des ordres positifs de S. M. de ne consentir à aucune capitulation avec l'armée française que vous commandez en Égypte ou en Syrie, excepté dans le cas où elle mettrait bas les armes, se rendrait prisonnière de guerre, et abandonnerait tous les vaisseaux et toutes les munitions des ports et ville d'Alexandrie aux puissances alliées ; et, dans le cas où une capitulation aurait lieu, de ne permettre à aucune troupe de retourner en France qu'elle ne soit échangée ; je pense nécessaire de vous informer que tous les vaisseaux ayant des troupes françaises à bord, et faisant voile de ce pays avec des passe-ports signés par d'autres

Cette deuxième conquête de l'Égypte est en réalité plus étonnante que la première. Bonaparte n'avait eu affaire qu'aux Mamelucks, milice d'élite, mais relativement peu nombreuse, et dont la majeure partie des populations musulmanes avaient vu la défaite avec joie. La tâche de Kléber était bien autrement ardue. Il lui fallut détruire son propre ouvrage, en réoccupant tous les points déjà cédés aux Turcs en vertu de la convention, contenir le fanatisme prêt à faire explosion de toutes parts, lutter avec 10,000 hommes contre plus de 60,000 des meilleures troupes de l'empire Ottoman. Dans la journée à jamais mémorable du 20 mars 1800, l'un des plus anciens monuments de l'Égypte reçut de la bravoure française une illustration nouvelle ; Kléber ressuscita Héliopolis. Lui-même a raconté cette bataille épique, compa-

que ceux qui ont le droit d'en accorder, seront forcés par les officiers des vaisseaux que je commande de rentrer à Alexandrie ; et que ceux qui seront rencontrés retournant en Europe, d'après des passe-ports accordés en conséquence d'une capitulation particulière avec une des puissances alliées, seront considérés comme prise, et tous les individus à bord considérés comme prisonniers de guerre. »

rable à celles d'Alexandre, du même style que sa campagne en Vendée :

« Dans la nuit du 28 au 29 ventôse, je me rendis dans la plaine de la Koubeh, où se trouvaient déjà une partie des troupes ; les autres arrivèrent successivement et se rangèrent en bataille. La clarté du ciel, toujours serein dans ces climats, suffisait pour que les mouvements s'exécutassent avec ordre ; mais elle était trop faible pour que l'ennemi pût les apercevoir. Je parcourus les rangs et je remarquai la confiance et la gaieté de nos soldats, présage ordinaire de la victoire. La ligne de bataille était composée de quatre carrés ; ceux de droite obéissaient au général Friant ; ceux de gauche au général Reynier.

« Vers trois heures du matin, j'ordonnai que l'armée se mît en marche. Le général Reynier commença l'attaque du village de Matarich. Tandis que les grenadiers s'avançaient au pas de charge, malgré le feu de l'artillerie ennemie, on vit les janissaires sortir de leurs retranchements et courir sur la colonne de gauche ; *mais ils n'y rentrèrent plus*..... Les fossés, comblés de morts et de blessés, n'empêchent plus de franchir les retranchements ; une partie de leur infanterie se jette dans les maisons, on ne leur laisse pas le temps de s'y établir ; d'autres, essayant de sortir du village, tombent sous le feu de la division Friant... Aucun pillage ne retarda le mouvement des troupes ; l'armée comprenait la nécessité de poursuivre rapidement le grand-vizir jusqu'aux limites du désert, et cette pensée semblait animer tous les chefs et tous les soldats. »

Ce n'était là encore qu'un engagement préliminaire ; mais pendant que Reynier rassemble sa division autour de l'obélisque d'Héliopolis, des nuages de poussière annoncent l'arrivée du gros de l'armée turque. L'ennemi prend position sur le coteau qui relie Sériâquoûs et El-Merg ; à travers les palmiers qui entourent ce dernier village, on voit étinceler les armures de la garde du vizir. L'armée française s'avance, reprenant insensiblement son premier ordre de bataille. Bientôt, sous le feu de notre artillerie, cette masse ennemie se divise, s'ébranle, mais c'est pour fondre sur nous comme une avalanche. A partir de ce moment, on voit se reproduire à Héliopolis, sur une plus vaste échelle, les péripéties des journées des Pyramides et du Thabor. La cavalerie ennemie, formant un gigantesque quadrilatère long d'une demi-lieue environ sur chaque face, cernait tous les corps de l'armée française, pareils à des volcans en éruption. Voyant toutes leurs attaques repoussées avec perte, les Turcs passèrent par degrés de l'audace à l'hésitation, au découragement, à la fuite. Kléber avait su vaincre, il sut encore mieux profiter de la victoire, poursuivant l'ennemi sans relâche, d'étape en étape, le chassant successivement d'El-Hanka, de Belbeis, de Koraïm. Il s'attendait à livrer une dernière bataille à Salêhieh, aux limites du désert, quand les habitants, accourant au-devant des Français, leur annoncèrent l'évasion du vizir avec une poignée de monde, et la dispersion de son armée.

La bataille d'Héliopolis fut suivie d'une opération encore plus difficile, et qu'on peut considérer comme le chef-d'œuvre de Kléber; nous voulons parler de la reprise du Caire. Pendant qu'il était aux prises avec le gros de l'armée turque, plusieurs détachements de cette armée, faisant un immense détour, vinrent se rabattre sur le Caire, annonçant l'entière destruction des Français. Toute la population musulmane, fanatisée, avait fait cause commune avec eux. Cet incident trop peu connu de la campagne d'Égypte, vaut bien la peine d'être raconté avec quelque détail.

Avant même que l'action fût engagée à Héliopolis, une révolte vigoureusement contenue, mais non réprimée, avait éclaté à Boulaq, ce grand faubourg du Caire, qui formait à lui seul une ville à part. La population musulmane du Caire avait été moins prompte à s'enflammer. Aux premiers coups de canon qui retentirent dans la direction de l'armée française, elle se porta hors des murs, et attendit pour se décider l'issue de la bataille. Elle ne tarda pas à recevoir des renseignements trompeurs sur ce qui se passait du côté d'Héliopolis. On vit paraître Nassif-Pacha avec dix mille cavaliers turcs; Ibrahim-Bey, si longtemps fugitif, avec deux mille Mamelucks; tous les chefs de l'ancien gouvernement (sauf Mourâd-Bey), traînant après eux un grand nombre d'habitants des villages. Ils proclamaient et croyaient peut-être de bonne foi en ce moment, que Kléber et ses troupes n'existaient plus. A l'aspect de cette armée, personne ne douta de la défaite des infidèles, chacun fut joyeux ou s'efforça de le paraître. Les uns applaudissaient de bonne foi au triomphe définitif du Croissant, les autres avaient à faire oublier leurs liaisons avec les infidèles.

Nassif-Pacha profite de cet élan de la multitude; il la pousse vers le quartier des Francs qu'elle saccage ; vers le quartier général français, gardé par deux cents hommes à peine, qui résistèrent avec une fermeté admirable. Surpris de cette résistance inattendue, Nassif fait occuper les maisons voisines. On arbore partout des drapeaux blancs; dans les rues, dans les mosquées, on fait appel à toutes les passions. Les Cophtes, les Grecs, les Syriens, sont assaillis, poursuivis, partout le sang coule. Moustapha-Aga, le chef de la police, coupable de nous avoir trop bien servis, est saisi, empalé ; la populace applaudit avec transport à ce supplice, gage d'impunité à tous les excès. On se jette sur sept soldats français qui se trouvaient auprès du malheureux chef de police, trois sont grièvement blessés, les quatre autres se font jour avec la baïonnette à travers l'émeute jusqu'au quartier général. Ce trajet qu'ils accomplissaient en traversant une grande partie de la ville, et en emportant ou soutenant leurs camarades, n'est pas un des faits les moins merveilleux de cette guerre, et donne bien la mesure de la supériorité morale des Français. Quels exploits ne pouvait-on accomplir avec de tels soldats?

L'insurrection durait depuis deux jours, et n'avait pu accabler deux cents Français, qui ne combattaient plus que pour vendre chèrement leur vie, car ils devaient croire, eux aussi, à la destruction de l'armée. Nassif-Pacha préparait un nouvel assaut, lorsqu'on lui signale l'approche d'une colonne française. C'était celle du général Lagrange, premier secours envoyé par Kléber après la poursuite du grand-vizir. Cette colonne est assaillie par quatre mille cavaliers, l'élite des Turcs; mais la formation des carrés produit, dans cette nouvelle rencontre, son effet ordinaire, et Lagrange arrive vainqueur au quartier général. Il y apportait un renfort aussi nécessaire qu'inattendu, et la première nouvelle de la victoire.

Malgré ce secours, malgré le feu incessant de

la citadelle et du fort Dupuy, nous fûmes obligés d'évacuer successivement les maisons de la place Ezbekieh. Les insurgés avaient avec eux (on en eut plus tard la preuve positive) quelques-uns des ingénieurs européens qui avaient défendu avec succès Djezzar contre Bonaparte. Ils faisaient des progrès sur notre gauche dans le quartier cophte, et prenaient avec un discernement tout à fait militaire, les positions les plus propres à assurer leurs communications au dehors, et à intercepter les nôtres. L'arrivée d'un nouveau détachement commandé par Friant nous permit de reprendre l'offensive sur tous les points, et donna de l'air aux défenseurs du quartier général. Mais ce succès même nous révéla combien la reprise du Caire était devenue difficile. Toutes les rues étaient obstruées par plusieurs lignes de barricades de dix à douze pieds de haut, maçonnées et crénelées. Les appartements, les terrasses étaient transformés en redoutes, et l'on sait que les Turcs, peu redoutables en rase campagne, montrent une ténacité terrible derrière le moindre abri.

On employait toutes les manœuvres imaginables pour entretenir l'erreur du peuple sur le sort de la bataille. Ceux qui paraissaient révoquer en doute la défaite des Français étaient mis à la torture ou emprisonnés. Les insurgés déployèrent toute l'activité que peut donner le fanatisme, et un talent de mise en œuvre qui démontrait bien la présence d'auxiliaires plus instruits. Non contents de déterrer des canons enfouis depuis la première entrée des Français, de s'emparer des provisions des particuliers pour former des magasins et de ramasser nos projectiles pour nous les renvoyer, ils parvinrent à en forger quelques-uns avec des morceaux de fer arrachés dans les mosquées, avec des marteaux et d'autres outils ; ils fabriquèrent aussi de la poudre. Enfin, comme les boulets et les bombes qu'ils ramassaient n'étaient pas du calibre de leurs pièces, ils entreprirent de forger des mortiers, des canons ; et ils y réussirent !

Kléber, en arrivant, trouva donc l'insurrection réduite à la défensive, mais cette défensive était formidable ! Une partie des maisons du quartier cophte et de la place Ezbekieh, incendiées à dessein par les deux partis, entourait le quartier général d'une ceinture de flammes. C'était dans ces moments de crise que le génie de Kléber se révélait tout entier. Il fut là ce qu'il avait été en Vendée, sur le Rhin, à Héliopolis. Nos munitions étant alors presque épuisées, Kléber jugea que toute attaque brusquée, toute tentative partielle serait plus nuisible qu'utile, et qu'il y avait tout à gagner à attendre. Il rappela à lui Reynier, Belliard qui venait de reconquérir Damiette; redevenant ingénieur comme à Maestricht, comme à Alexandrie, il fit achever les retranchements, établir de nouvelles batteries, préparer des combustibles. Il travailla en même temps à diviser les insurgés, à les intimider en leur faisant connaître d'une façon irréfragable la défaite du grand-vizir. Il fit parvenir des lettres aux chefs de l'ancien divan, et fit écrire dans le même sens par Moustapha Pacha, le vaincu d'Aboukir, qu'il avait toujours prudemment retenu auprès de lui. Ainsi qu'il l'avait prévu, la discorde ne tarda pas à éclater entre les Turcs, les Mamelucks et la population du Caire. Les chefs de l'insurrection, épouvantés, firent des ouvertures pacifiques, et une capitulation fut arrêtée.

Le péril, qui semblait conjuré, ne tarda pas à renaître plus terrible. Les hommes les plus compromis dans cette révolte frémirent de rester seuls exposés à une vengeance qu'ils supposaient devoir être impitoyable. Ils animèrent de nouveau la populace, distribuèrent des vivres, de l'argent, ordonnèrent des prières publiques, réconcilièrent les chefs, qu'on était parvenu à diviser. Les femmes, les enfants, s'attachaient aux Turcs, aux Mamelucks, les conjuraient de ne pas les abandonner. Ces manœuvres n'eurent que trop de succès; au dernier moment, on refusa de livrer les portes, et les hostilités recommencèrent sur tous les points.

Les circonstances étaient plus difficiles que jamais. Kléber était loin encore d'avoir à sa disposition toutes ses forces; il tenait à endommager le moins possible la ville, et surtout à ménager ses soldats. Il eut alors l'idée heureuse de recourir à l'intervention d'un homme que les Français seuls avaient pu vaincre, qui seul avait osé leur résister encore, quand tout tremblait devant Bonaparte.

Mourad-Bey n'était plus notre ennemi dès l'époque des négociations d'El-Arych. Il avait refusé d'aller se réunir aux Turcs, malgré l'appel du grand-vizir, dont il suspectait à bon droit l'amitié. Au moment de la rupture de la convention, Kléber lui avait fait faire de nouvelles ouvertures par sa femme, Setty-Fatmé, qui n'avait pas quitté le Caire, où elle jouissait d'une grande popularité. Mourad ne se contenta pas de promettre la neutralité qu'on lui demandait; il proposait de se joindre aux Français contre les Turcs, offre trop magnifique, que Kléber jugea prudent de décliner. Mourad était pourtant de bonne foi; car, malgré les sollicitations de son collègue Ibrahim, il refusa de coopérer à l'envahissement du Caire. Les choses en étaient là, quand Kléber jugea opportun de négocier avec lui un arrangement définitif, chose d'autant plus facile désormais que Mourad, n'espérant plus ressaisir la domination absolue de l'Égypte, préférait la suzeraineté de la France à celle de la Porte. Il accueillit donc avec empressement les propositions du général en chef français, et traita avec lui par l'intermédiaire d'Osman-Bey. Les instructions de Mourad à ce plénipotentiaire sont caractéristiques. « Vous déclarerez aux Français, lui dit-il, que je m'unis à eux parce qu'ils m'ont mis dans l'impossibilité de continuer la guerre. Je demande à m'établir dans une partie de l'Égypte, afin que, s'ils la quittent, je m'empare, avec leur aide, d'un pays qui m'appartient et qu'eux seuls peuvent m'enlever. » Comme les guerriers de l'antiquité, Mourad ne voulait obéir qu'à ceux qui avaient su le vaincre. A la suite de quelques conférences auxquelles Kléber donna politiquement tout l'éclat possible, le traité fut conclu, et Mourad, devenu, suivant sa propre expression, sultan français, alla prendre possession des provinces qui lui étaient concédées, depuis Kenneh jusqu'aux cataractes. Il expédia aussitôt à l'armée française, par le Nil, des convois de subsistances, et employa les intelligences qu'il avait conservées au Caire à hâter la reddition des insurgés. Comme les choses ne marchaient pas suffisamment vite à son gré dans ce sens, il proposait à Kléber d'incendier la ville entière, et lui envoya à cet effet des barques chargées de roseaux. Mais son influence sur les populations de la Haute-Égypte nous fut plus utile. Derwich-Pacha, qui, en vertu de la convention d'El-Arich, était allé prendre le commandement de cette contrée, marchait avec un nombreux rassemblement sur le Caire, encore en pleine révolte. Mourad, devançant les ordres de Kléber, employa son influence à dissiper ce rassemblement, et le gouverneur turc demeura à sa merci avec une poignée de monde. A cette occasion, le nouveau sultan français fit même dire au général en chef qu'il tenait à sa disposition la tête de Derwich-Pacha, pour peu que ce présent lui fût agréable. Kléber déclina cette offre par trop orientale, et se borna à demander l'expulsion immédiate de ce lieutenant du grand-vizir.

Cependant toute la Basse-Égypte était retombée en notre pouvoir, et Kléber put bientôt employer la majeure partie de ses forces à la réduction du Caire. Plusieurs attaques combinées avaient fait perdre du terrain aux insurgés sans abattre leur constance. Kléber jugea que l'imminence d'une ruine absolue pourrait seule les désarmer, et se résigna à sacrifier le grand faubourg de Boulak. Pourtant il n'accomplit pas sans hésitation cet acte de rigueur inévitable; à trois reprises il offrit de pardonner, et trois fois la population fanatisée prit cette clémence pour un témoignage de faiblesse et recommença les hostilités. On dut accomplir, presque jusqu'au bout, l'œuvre de destruction. Puis il fallut encore un nouvel assaut général pour décider les insurgés à traiter conditionnellement de l'évacuation du Caire. Kléber, ayant reçu au quartier général les porteurs de cette première proposition, les conduisit, pour toute réponse, à l'embrasure d'une fenêtre d'où il leur montra, par un geste significatif, les ruines fumantes de Boulak. Cependant des pourparlers s'établirent; les assiégés apprirent, de manière à n'en plus pouvoir douter, le désastre de l'armée du grand-vizir, la soumission complète du Delta. Kléber leur donna le coup de grâce, en leur communiquant le traité qu'il venait de signer avec l'envoyé de Mourad. Une attaque de nuit mit fin aux dernières velléités d'hésitation. Kléber accorda aux Turcs des conditions honorables, qu'ils méritaient d'ailleurs par leur courage opiniâtre. Il leur permit de se retirer en Syrie, sous l'escorte d'une division française.

Ainsi s'accomplit cette reprise de l'Égypte, œuvre complexe de modération et d'audace, de rigueur et de patience. Elle suffit pour mettre

Kléber au premier rang parmi les grands politiques et les grands capitaines. Jamais chef d'armée ne se tira plus à son honneur de circonstances plus difficiles. L'on peut même dire que si Kléber n'avait pas commis une grande faute, il n'aurait pas eu l'occasion de donner, en la réparant ainsi, l'exacte mesure de sa force, et son nom resterait moins glorieux.

Après cette révolte, bien plus générale et bien plus prolongée que celle qui avait eu lieu du temps de Bonaparte, les habitants du Caire, ceux des villes qui avaient suivi leur exemple, s'attendaient à de sanglantes vengeances. Une contribution extraordinaire de guerre fut tout leur châtiment, et cette clémence, qu'on ne pouvait plus prendre pour de la faiblesse, produisit une profonde et heureuse impression. L'Égypte, un moment presque perdue, fut désormais plus à nous qu'auparavant. Suivant le rapport d'un témoin oculaire, pendant les derniers temps du gouvernement de Kléber, « un Cophte arrivait seul dans un village, intimait les ordres au nom des Français, et était obéi plus ponctuellement qu'un colonel ne l'eût été précédemment, avec un régiment entier. Sauf le danger des Arabes, un Français pouvait parcourir le pays sans inquiétude, et l'on commençait même à voir des négociants prendre le costume français pour voyager avec plus de sûreté[1]. »

Des écrivains, qui croyaient honorer Kléber en le représentant comme ennemi de Bonaparte, ont prétendu que le vainqueur d'Héliopolis, naguère si impatient de quitter l'Égypte, prit soudain la résolution d'y rester, « en haine de l'homme qui avait usurpé la souveraineté en France. » Ce revirement s'explique d'une façon toute naturelle, par de plus nobles et de plus justes motifs. Croyant l'existence de la France menacée, Kléber avait usé dans toute sa latitude du pouvoir discrétionnaire que lui avait conféré Bonaparte. Ramené par la révolution du 18 brumaire à une appréciation plus exacte de la si-

1. Les historiens du Consulat et de l'expédition d'Égypte font remarquer avec raison, à cette occasion, que la contribution de guerre, acquittée avec empressement, mit fin à la détresse financière qui, comme on l'a vu précédemment, avait beaucoup influé sur la conduite antérieure de Kléber. Ainsi, tous les efforts faits pour nous expulser de l'Égypte, profitaient à l'affermissement de notre domination, grâce à la valeur et à l'habileté du commandant en chef.

tuation ; reprenant, grâce à l'Angleterre même, toute sa liberté d'action, Kléber se ressaisit avec empressement de l'Égypte, qui, si elle ne devait pas définitivement nous rester, pouvait être du moins un gage précieux pour la conclusion de la paix générale. On a bien prétendu aussi que Bonaparte était jaloux de Kléber. La correspondance de Bonaparte fait justice de cette absurde imputation ; elle prouve que jamais victoire remportée par un autre que lui ne le réjouit autant que celle d'Héliopolis. Il en reçut la nouvelle au moment où lui-même venait de triompher à Marengo, et s'empressa d'adresser directement à Kléber les plus chaleureuses félicitations. « Sur les rives du Danube et du Pô, lui disait-il, nos armées partout victorieuses marchent à la conquête de la paix. Vos triomphes sur le Nil y contribueront puissamment. Les circonstances sont telles enfin, qu'il n'est pas possible que six mois se passent sans que ce grand bienfait vienne consoler l'humanité et mettre un terme glorieux aux travaux qui assurent à l'armée d'Orient l'admiration de la postérité autant que la reconnaissance nationale. Ici, la République compte sur l'armée d'Orient, comme l'armée d'Orient peut compter sur la République. Elle se repose sur le courage et la constance des braves qui la composent, et qui doivent sentir la gloire et l'intérêt de la France. »

Mais au moment où Bonaparte écrivait cette lettre, si bien faite pour lui reconquérir tout à fait le cœur de Kléber, ce noble cœur avait cessé de battre.

Pendant la période précédente, Kléber, voulant se ménager un supplément de justification, avait eu le tort d'exagérer à dessein les difficultés de sa position. Il venait de se donner à lui-même le démenti le plus complet et le plus glorieux. Jusque-là, il n'avait pas assez présumé de lui-même. « Il avait fallu, a dit M. Bignon, que Bonaparte, l'Angleterre et la Porte se réunissent pour lui révéler toute l'étendue de son génie. » Prévoyant qu'il aurait sans doute à attendre longtemps encore des secours de la métropole, Kléber, à l'exemple de son prédécesseur, mettait tous ses soins à se créer, dans le pays même, des ressources et des forces nouvelles. Par ses ménagements excessifs pour les mœurs et les croyances musulmanes, Bonaparte avait quelquefois compromis son caractère, et sans profit pour notre politique, Kléber avait vu en Syrie les seules tribus chrétiennes épouser franchement notre cause, se compromettre pour nous, au point d'être forcées de suivre la retraite de l'armée française; ce souvenir lui donna l'idée de tirer parti des Cophtes, et de redemander des soldats à cette race abâtardie par tant de siècles d'esclavage. Indépendamment de l'intérêt militaire, il y avait là une généreuse et profonde pensée, dont la première idée, il faut le dire, semble avoir été suggérée par Desaix. Il forma aussi une légion et une compagnie de cavalerie des réfugiés chrétiens de Syrie, et recruta une demi-brigade au moyen d'esclaves noirs qui, par leur fidélité et leur courage, se montrèrent dignes de la liberté.

Kléber avait su se faire craindre autant que son prédécesseur; il sut se faire aimer davantage en perfectionnant l'administration, en usant des moyens de rigueur plus sobrement qu'on n'avait fait jusque-là. La nature elle-même semblait l'avoir taillé exprès pour remplir ce rôle de « pasteur des peuples, » dans un pays où les qualités physiques exercent un grand prestige. Il jugea aussi nécessaire de s'entourer d'un certain luxe d'étiquette et d'apparat, que Bonaparte avait trop dédaigné.

Cette reprise d'occupation française avait complétement déjoué les calculs du gouvernement britannique, qui, de l'aveu de ses historiens, « n'avait refusé de ratifier la convention d'El-Arych, que pour empêcher Kléber et son armée de prendre part à la défense du territoire français. » (Ce sont les propres expressions de Walter Scott.) Les circonstances étant absolument changées en France par l'établissement du gouvernement consulaire, en Égypte par la victoire de Kléber, on déclara à ce dernier qu'en vertu de nouveaux ordres de S. M. Britannique, on tenait désormais à la disposition de l'armée française des passe-ports émanant cette fois de l'autorité véritable, c'est-à-dire de lord Elgin, et que par conséquent rien ne s'opposait plus à la libre évacuation de l'Égypte. Cette notification dérisoire fut faite le 2 juin à Kléber, par un nommé Morier, secrétaire de lord Elgin, et par lui placé auprès du grand-vizir pour suivre les opérations de l'armée ottomane. Dans la déroute complète à laquelle ces opérations aboutirent, Morier perdit un cahier de notes qui fut porté à Kléber. Une de ces notes indiquait que cet agent avait proposé par ordre à Sidney Smith une *ruse de guerre* d'une telle nature, que celui-ci avait refusé d'en autoriser l'exécution.

Cet incident a donné lieu à des conjectures tellement étranges, que nous croyons nécessaire, pour en déterminer la portée véritable, de reproduire le texte anglais original, tel qu'il fut publié par ordre de Kléber.

« He thought (sir Sidney Smith) that the safety of the turkish empire, depended upon the strict observance of the convention, and that the putting in execution of a *ruse de guerre* would thow things back to their primitive state. I observed to that, that I supposed that plan had been proposed in the idea that the French had nod been sincere in their ouvertures; the safety of the turkish empire requiring some vigourous measure, of that nature too red Égypt of this invaders. »

« Sir Sidney Smith pensait que le salut de l'empire turc dépendait de la stricte observation de la convention, et que l'exécution du plan de la ruse de guerre rejetterait les choses dans leur état primitif. Je répliquai à cela, que *je supposais* que ce plan avait été proposé dans l'idée que les Français n'avaient pas été sincères dans leurs précédentes ouvertures, et que le salut de l'empire turc exigeait des mesures *vigoureuses* de cette nature, pour délivrer l'Égypte de ses envahisseurs.

Quand on se reporte à cette époque où les passions conjurées contre la France étaient si violentes ; quand on se rappelle que quelques mois auparavant, des hommes d'État autrichiens, considérant la France comme mise hors du droit commun des nations, avaient donné en secret des ordres secrets dont l'exécution fut cause du meurtre odieux de nos plénipotentiaires à Rastad [1] ; quand enfin on rapproche cette

1. Nous avons donné il y a quelques années, d'après des autorités irréfragables, la véritable interprétation de cet incident tragique et odieux. Le ministre autrichien avait donné l'ordre d'enlever les papiers de la légation française, espérant y trouver la preuve des intelligences de quelques États allemands avec la République, et de *houspiller* par la même occasion les ministres français, Bonnier et Debry, pour châtier leur insolence prétendue. Mais les hussards chargés de cette honorable expédition, étant ivres pour la plupart, frappèrent du tran-

note étrange de l'attentat odieux qui la suivit d'assez près, on comprend que des écrivains passionnés et superficiels aient cru saisir d'abord une certaine corrélation entre « cette ruse de guerre », cette « mesure vigoureuse, » et l'assassinat du général en chef français. Cette exagération ne soutient pas l'examen, mais l'interprétation toute naturelle de la note de Morier n'est pas encore bien honorable pour la loyauté britannique. Il en résulte fort clairement que Sidney, en recevant la lettre de l'amiral anglais à Kléber qui annulait la convention en ce qui concernait le libre retour des Français, avait reçu en même temps, au moins verbalement, le conseil de différer un peu la communication de cette lettre, d'attendre que les Français eussent achevé d'exécuter les clauses de la convention à leur charge, qu'ils se fussent mis dans l'impossibilité de résister, avant de leur notifier les intentions véritables du gouvernement anglais.

chant et non du plat de leurs sabres; au lieu de *houspiller*, ils assassinèrent. (Voyez à ce sujet notre volume d'*Études* sur l'année 1799, p. 111-121. Paris, F. Didot, 1854).

Cette combinaison machiavélique ayant échoué, grâce à la loyauté de Smith et aux prodiges accomplis par Kléber, le grand-vizir combina à son tour sa « ruse de guerre, » qui réussit mieux que l'autre. Le 15 juin 1800, à l'heure même où Desaix expirait à Marengo, Kléber tombait au Caire sous le poignard d'un assassin musulman.

Voici les détails de cette catastrophe, tels qu'ils ont été donnés par des témoins contemporains et oculaires.

Kléber faisait réparer par l'architecte Protain, membre de la commission des arts, le palais du gouvernement, qui avait reçu de graves avaries pendant la dernière insurrection. En attendant, il habitait à Giseh l'ancienne résidence de Mourad-Bey. Il avait dit à son chef d'état-major Damas, qui occupait au Caire une maison touchant à celle du quartier général, qu'il irait le 26 prairial (14 juin), lui demander à déjeuner. En effet, après avoir passé le matin la revue de la nouvelle légion grecque dans l'île de Raoudah, Kléber se rendit au Caire, où il alla d'abord visiter avec l'architecte les travaux du palais, qu'il examinait en connaisseur, ayant été lui-même du métier. Ils revinrent ensuite chez Damas, qui avait réuni à cette occasion plusieurs des membres de la Commission des arts, et des principaux officiers présents au Caire. Jamais Kléber n'avait paru si joyeux, si confiant dans l'avenir, que pendant ce dernier repas. Lui et Damas avaient surtout égayé les convives, en dessinant à eux deux une caricature qu'on se passa de main en main ; elle représentait l'évasion des députés des Cinq-Cents par les fenêtres de l'Orangerie de Saint-Cloud. Cette particularité est attestée par un témoin oculaire, assurément peu suspect de partialité pour Bonaparte[1]. Comme on ne saurait confondre Kléber et Damas avec ces patriotes à courte vue, qui voyaient naïvement dans le 18 brumaire une nouvelle affirmation du principe républicain, force est bien d'admettre qu'ils avaient pris franchement leur parti des nouvelles destinées de la France. Ce seul fait suffirait pour confondre non-seulement les calomnies posthumes dirigées contre la mémoire de Kléber, mais celles dont le général Damas fut

1. Martin, *Expédition d'Égypte.*

également l'objet, et que Bonaparte eut le tort d'écouter.

« Le déjeuner se prolongeait ; il semblait qu'on ne pouvait terminer ce repas, ni quitter cet aimable chef, qu'on allait dans quelques minutes perdre pour toujours. Il était près de deux heures quand Kléber se leva, et engagea Protain à venir avec lui donner encore un coup d'œil aux travaux. Il ne souffrit pas que personne se dérangeât, assurant qu'il allait revenir prendre le café. Il sortit, et l'on continua à causer gaiement. Une longue terrasse couverte, donnant sur la place Ezbekieh, reliait la maison de Damas avec celle du quartier général. Kléber et son compagnon suivaient tranquillement cette terrasse ; leur allure était celle de gens qui tout entiers à leur conversation, marchent avec lenteur et font des stations fréquentes[1]. »

Ce fut en ce moment qu'un individu maigre et chétif, s'élançant d'une citerne desséchée, bondit sur Kléber et lui porta d'une main trop assurée un coup vers la région du cœur. Le gé-

1. Récit de Martin.

néral, frappé à mort, s'affaissa sur le parapet de la terrasse. L'assassin avait bien choisi son heure : dans cette journée d'un été égyptien, la place, inondée d'une lumière aveuglante, aurait dû être absolument déserte. Pourtant, le dernier regard de Kléber se fixa sur un soldat qui se dirigeait vers la maison du quartier général.

Le général eut encore la force de crier : « *A moi, je suis blessé !* » et s'affaissa, regrettant sans doute de ne pas être tombé plutôt sur un champ de bataille. Il était cruel pour cet homme d'encolure et de cœur héroïques, qu'avaient respecté les balles vendéennes et les sabres mameluks, de succomber ainsi sous les coups d'un chétif meurtrier. La dent de la vipère tua celui sur lequel s'était émoussée la griffe des lions.

Tandis que le soldat courait donner l'alarme, une lutte courte et inégale s'engageait entre l'assassin et le compagnon de Kléber, l'architecte Protain. Celui-ci, qui n'avait d'autre arme qu'une canne légère, tomba bientôt à son tour sans connaissance, percé de six blessures. Il paraît qu'alors le meurtrier, avant de s'enfuir, revint encore sur Kléber, et lui porta trois nouveaux coups dont aucun n'eût été mortel. Mais le premier avait pénétré jusqu'au cœur.

Cependant le soldat appelé par Kléber avait fait irruption, messager d'épouvante, dans la salle du banquet. On courut sur la terrasse, on releva les deux victimes ensanglantées : Kléber respirait encore dans ce moment, mais il mourut quelques minutes après, sans avoir repris connaissance ni proféré une parole. Son compagnon, au contraire, revint promptement à lui, et recouvra même assez de force pour donner le signalement du meurtrier.

J'ai entendu raconter cette scène par un témoin oculaire, le colonel d'artillerie Raindre[1]. Ce brave et respectable militaire, qui avait fait depuis les campagnes d'Allemagne, d'Espagne et de Russie, n'avait jamais rien vu de plus tragique que l'impression produite par cette catastrophe, que la stupeur de la population et la douloureuse colère de l'armée. Ce furent surtout les premiers moments qui furent terribles, les deux heures passées en recherches inutiles. La maison et les jardins avaient

1. Mort général de brigade en retraite.

été cernés aussitôt. On était sûr que l'assassin n'avait pu se jeter à bas de la terrasse, ni franchir les murs. Cependant les investigations les plus minutieuses n'amenaient point de résultats, et cette incertitude semblait autoriser les conjectures les plus sinistres, les vengeances les plus terribles contre les musulmans. Enfin l'on découvrit, tapi sous un nopal, un jeune homme déguenillé, hagard, que Protain reconnut pour le meurtrier. La bastonnade ne put lui arracher aucun aveu, mais il se laissa prendre à une promesse fallacieuse de liberté que lui fit un chef mameluck.

Il se nommait Souleyman, et s'était dévoué à ce qu'il appelait le *combat sacré*, par fanatisme religieux, et aussi par amour filial. Pour prix de la mort du chef des chrétiens, on lui avait promis, disait-il, la liberté de son père, condamné à une dure et longue captivité. Il raconta qu'il était arrivé au Caire depuis un mois, guettant incessamment Kléber sans avoir pu l'approcher, jusqu'à ce jour où il avait trouvé le moyen de se glisser à sa suite, et de s'embusquer plus tard sur son passage. Cet homme, qu'on ne peut mépriser après tout, subit avec une fermeté stoïque l'atroce supplice du pal. Trois des principaux cheiks du Caire, auxquels il avai révélé son projet, et qui, tout en cherchant à l'en détourner, lui avaient gardé le secret, payèrent de leur tête cette discrétion criminelle. Cette exécution eut lieu à la suite des obsèques de Kléber, célébrées avec un pompe royale, trois jours après sa mort.

VI

Comme ami particulier, Bonaparte regretta moins Kléber que Desaix ; au point de vue politique, il le regretta davantage et non sans raison. Il savait d'avance et les événements prouvèrent bientôt que, de tous les officiers qui se trouvaient alors en Égypte, celui qui avait su la reconquérir était seul capable de la garder. A Sainte-Hélène, Bonaparte répétait encore souvent qu'avec Kléber il aurait conservé l'Égypte, et l'exposé impartial des événements de la dernière période d'occupation française démontre que l'expédition anglo-turque de 1801 trouva son plus puissant auxiliaire dans l'incapacité flagrante de Menou. Or, pour peu qu'on réfléchisse avec attention à l'enchaînement des faits, on restera convaincu que l'échec complet de cette expédition aurait permis à la France de retenir sa conquête pendant un délai plus ou moins long, comme garantie de l'accomplissement des stipulations de la paix d'Amiens. Cette différence de situation aurait exercé une influence puissante sur les conditions de cette paix, sur les déterminations ultérieures du gouvernement britannique, et l'on peut dire ainsi que la mort prématurée de Kléber a exercé de proche en proche une action fâcheuse sur tous les événements du règne de Napoléon.

Ce fut surtout à l'époque du débarquement d'Abercrombie (1801), qu'on put apprécier pleinement combien les éclatantes victoires et la sage administration de Kléber avaient profité aux intérêts français, à quel point il avait su mater l'esprit de rébellion et de fanatisme chez les musulmans indigènes. Le souvenir de Kléber combattit pour nous jusqu'au dernier moment; les habitants du Caire, jadis si prompts à s'insurger, ne voulaient plus croire aux succès désormais trop réels de nos ennemis ; ils s'attendaient toujours à nous voir ressaisir la victoire. Mourad, dont l'influence de Kléber avait fait notre allié le plus fidèle, mourut de douleur en voyant son assistance repoussée, ses conseils méconnus, par l'ineptie arrogante du nouveau général en chef. Les musulmans les plus fanatiques, satisfaits pourtant de voir les infidèles se détruire entre eux, auraient préféré encore les Français à des étrangers inconnus. Enfin, quand l'heure de l'abandon définitif eut sonné, la dernière garnison française du Caire n'eut garde d'oublier les restes de son ancien général sur cette terre redevenue étrangère. On vit alors la dépouille mortelle de Kléber descendre le Nil, saluée spontanément au passage par les batteries anglaises et turques, tant ce héros avait su inspirer à nos ennemis d'admiration et de respect, nous dirions volontiers de regrets !

Ainsi que la plupart des grands hommes, Kléber a été indignement calomnié après sa mort. Des hommes plus bonapartistes que Bonaparte lui-même, crurent se faire valoir auprès de lui en rabaissant le vainqueur d'Héliopolis. On croit rêver aujourd'hui, en lisant dans quelques dénonciations contemporaines que Kléber avait vendu l'Égypte aux Anglais, que la bataille d'Héliopolis fut engagée malgré ses ordres, gagnée malgré ses mauvaises dispositions. L'instigateur de ces délations posthumes était le nouveau général en chef, le renégat Abdallah Ménou, beau parleur sans jugement ni expérience de la guerre. Sa haine pour les meilleurs généraux, qui avaient le tort impardonnable de regretter Kléber, leur violente expulsion au moment où leurs services eussent été le plus nécessaires, furent l'une des principales causes de la perte de l'Égypte. L'un de ces généraux expulsés, Damas, dépositaire des dernières volontés de Kléber, rapportait en France sa modeste fortune. Le bâtiment qu'il montait tomba au pouvoir des Anglais ; Damas ne put guère sauver qu'un petit nombre de cadeaux, mis en réserve de longue main par Kléber pour ses vieux camarades de Sambre-et-Meuse. Parmi ces souvenirs, figurait un sabre à lame de Damas à poignée et fourreau d'argent, provenant de la journée du mont Thabor, et destiné par Kléber au général Ernouf.

Bonaparte avait l'esprit trop judicieux, trop

élevé, pour accueillir toutes les incriminations dirigées contre le plus habile de ses lieutenants. Mais il ajouta foi, dans une certaine mesure, aux accusations intentées aux deux généraux qui avaient joui de la confiance la plus intime de Kléber. Il crut que les fausses démarches de celui-ci dans les premiers moments, son rapport hostile du 26 septembre, son empressement à quitter l'Égypte, étaient dus principalement à l'influence de Reynier et de Damas. Le premier resta en disgrâce pendant plusieurs années ; cependant il obtint plus tard des commandements importants. Napoléon, à tort ou à raison, en voulut encore plus à Damas ; ce général, qui avait constamment suivi Kléber depuis Mayence jusqu'à Héliopolis, et que l'on considérait comme un de nos chefs d'état-major les plus habiles, ne fut jamais employé directement sous l'Empire. Il fut seulement autorisé à passer au service de Murat, devenu roi de Naples, et se couvrit de gloire dans la campagne de Russie. Napoléon ne pardonnait pas à Damas d'avoir un instant douté de sa fortune ; il se priva ainsi des services d'un officier aussi intelligent qu'intrépide, aussi bon chef d'état-major que Berthier, et meilleur général.

Mais, si l'Empereur fut réellement injuste envers quelques amis de Kléber, c'est à tort qu'on lui a reproché d'avoir voulu supprimer en quelque sorte la mémoire d'un homme auquel il a toujours rendu hautement justice, même à Sainte-Hélène. S'il avait considéré Kléber comme un ennemi, il ne lui aurait pas fait rendre si pompeusement les honneurs funèbres en France ; il n'aurait pas eu surtout l'idée d'associer sa mémoire à celle de Desaix en leur érigeant un monument collectif. Il est vrai que la composition de ce monument était fort disgracieuse, et qu'on n'en peut regretter beaucoup la disparition, mais on ne saurait s'en prendre qu'à l'artiste, dont la maladresse avait compromis la pensée de Napoléon. Après 1830, la ville de Strasbourg a érigé à Kléber une statue plus digne de lui.

Il n'existe pas de descendants directs de Kléber, mais il a laissé, comme Épaminondas, des filles immortelles : les journées de Cholet, d'Altenkirchen, de mont Thabor, d'Héliopolis.

PIÈCES JUSTIFICATIVES

I

Au général Kléber.

« Vous trouverez ci-joint, citoyen général, un ordre pour prendre le commandement de l'armée. La crainte que la croisière anglaise ne paraisse d'un moment à l'autre, me fait précipiter mon voyage de deux ou trois jours. J'emmène avec moi les généraux Berthier, Lannes, Murat, Andréossy, Marmont, et les citoyens Monge et Berthollet.

« Vous trouverez ci-joint tous les papiers anglais et de Francfort jusqu'au 10 juin. Vous y verrez que nous avons perdu l'Italie, que Mantoue, Turin et Tortone sont bloquées. J'ai lieu de croire que la première de ces places tiendra jusqu'au mois de novembre ; j'ai l'espérance, si la fortune me sourit, d'arriver en Europe avant le commencement d'octobre.

« Vous trouverez ci-joint un chiffre pour correspondre avec le gouvernement, et un autre pour correspondre avec moi.

« Je vous prie de faire partir, dans le courant d'octobre, Junot, ainsi que les effets que j'ai laissés et mes domestiques. Cependant, je ne trouverais pas mauvais que vous engagiez à votre service tous ceux qui vous conviendront.

« L'intention du gouvernement est que le général Desaix parte pour l'Europe dans le courant de novembre, à moins d'événements majeurs.

« La commission des arts passera en France avec un parlementaire que vous demanderez à cet effet, conformément au cartel d'échange, dans le courant de novembre, immédiatement après qu'ils auront achevé leur mission ; ils sont, en ce moment-ci, occupés à ce qui reste à faire pour visiter la Haute-Égypte. Cependant, ceux que vous jugerez pouvoir vous être utiles, vous les mettrez en réquisition sans difficulté.

« L'Effendi, fait prisonnier à Aboukir, est parti pour se rendre à Damiette. Je vous ai écrit de l'envoyer en Chypre. Il est porteur, pour le grand-vizir, de la lettre dont vous trouverez copie ci-jointe.

« L'arrivée de notre escadre à Toulon, venant de Brest, et de l'escadre espagnole à Carthagène, ne laisse aucune espèce de doute sur la possibilité de faire passer en Égypte les fusils, sabres et fers coulés dont vous aurez besoin, et dont j'ai l'état le plus exact, avec une quantité de recrues suffisante pour réparer la perte de deux campagnes. Le gouvernement vous fera connaître alors ses intentions ;

et moi, homme public ou particulier, je prendrai des mesures pour vous faire avoir fréquemment des nouvelles.

« Si, par des événements incalculables, toutes les tentatives étaient infructueuses, et qu'au mois de mai vous n'eussiez reçu aucun secours ni nouvelles de France ; si, cette année, malgré toutes les précautions, la peste était en Égypte, et que vous perdiez plus de 1,500 soldats ; perte considérable, puisqu'elle serait en sus de celle que les événements de la guerre occasionneraient journellement ; je dis que, dans ce cas, vous ne devez pas vous hasarder à soutenir la campagne prochaine, et vous êtes autorisé à conclure la paix avec la Porte Ottomane, quand même l'évacuation de l'Égypte devrait en être la condition principale. Il faudrait seulement éloigner l'exécution de cet ordre, si cela était possible, jusqu'à la paix générale.

« Vous savez aussi bien que personne, citoyen général, combien la possession de l'Égypte est importante pour la France. L'Empire turc, qui menace ruine de tous côtés, s'écroule aujourd'hui, et l'évacuation de l'Égypte par la France serait un malheur d'autant plus grand, que nous verrions de nos jours cette belle province passer en d'autres mains européennes.

« Les nouvelles des revers ou des succès qu'aurait la république en Europe doivent influer puissamment dans vos calculs. Si la Porte répondait aux ouvertures de paix que je lui ai faites avant que vous n'eussiez reçu des nouvelles de France, vous devez déclarer que vous avez tous les pouvoirs pour continuer la négociation que j'avais entamée. Persistez toujours dans la condition que j'ai avancée. Faites-lui connaître que l'intention de la France n'a jamais été d'enlever l'Égypte à la Porte. Demandez que la Porte sorte de la coalition et nous accorde le commerce de lâ mer Noire, qu'elle mette en liberté les Français prisonniers, et enfin six mois de suspension d'hostilités ; que, pendant cet intervalle, les échanges des ratifications peuvent avoir lieu.

« Supposant que les circonstances soient telles que vous croyiez devoir conclure le traité avec la Porte, vous feriez sentir que vous ne le pouvez pas mettre à exécution, qu'il ne soit ratifié suivant l'usage de toutes les nations. L'intervalle entre la signature d'un traité et la ratification doit toujours être une suspension d'hostilités.

« Vous connaissez, citoyen général, quelle est ma manière de voir la politique de l'Égypte. Quelque chose que vous fassiez, les Chrétiens seront toujours pour nous. Il faut les empêcher d'être trop insolents, afin que les Turcs n'aient pas contre nous le même fanatisme que contre les Chrétiens, ce qui nous les rendrait irréconciliables ennemis. Il faut endormir le fanatisme en attendant qu'on puisse le déraciner, en captivant l'opinion des grands cheiks du Caire, on a l'opinion de toute l'Égypte et de tous les chefs de ce peuple. Il n'y a rien de plus dangereux pour nous que ces cheiks peureux et pusillanimes, qui ne savent pas se battre, et, semblables à tous les prêtres, imposent le fanatisme sans être fanatiques.

« Quant aux fortifications d'Alexandrie et d'El-Arych, voilà les deux clefs de l'Égypte. J'avais le projet de faire établir cet hiver des redoutes de palmier; deux depuis Salehieh jusqu'à Katich, et deux de Katich à El-Arych. Une de ces dernières se serait trouvée dans l'endroit où le général Menou a trouvé de l'eau potable.

« Le général de brigade Samson commandant le génie, le général Songis commandant l'artillerie, vous mettront au fait, chacun en ce qui le concerne dans son arme. Le citoyen Poussielgue a été exclusivement chargé des finances. Je l'ai reconnu travailleur et homme de mérite. Il commençait à avoir quelques renseignements sur l'administration du pays. J'avais le projet, si aucun événement ne survenait, de chercher les moyens d'établir cet hiver un nouveau système d'impositions, qui aurait à peu près permis de se passer des Cophtes. Cependant, avant de l'entreprendre, je vous conseille de réfléchir longtemps. Il vaut mieux entreprendre un jour plus tard qu'un jour trop tôt.

« Des vaisseaux de guerre paraîtront indubitablement cet hiver à Alexandrie, ou à Bourlos, ou à

Damiette. Faites construire une tour ou une batterie à Bourlos ; tâchez de réunir cinq ou six cents Mamelucks, que, lorsque ces vaisseaux français seront arrivés, vous ferez arrêter dans un jour au Caire ou dans d'autres provinces et embarquer pour la France. A défaut de Mamelucks, des otages d'Arabes, des cheiks El Beled, qui, pour une raison quelconque, seront arrêtés pour y suppléer. Ces individus, arrêtés en France, y seront retenus un ou deux ans, verront la grandeur de la nation, prendront une idée de nos mœurs et de notre langue, et, de retour en Égypte, nous formeront autant de partisans.

« J'avais déjà demandé plusieurs fois une troupe de comédiens ; je prendrai un soin particulier d'en envoyer. Cet article est important pour l'armée, et pour commencer à changer les mœurs du pays.

« La place importante que vous allez occuper va vous mettre à même de déployer les talents que la nature vous a donnés. L'intérêt de ce qui se passe ici est vif, et les résultats en seront immenses sur le commerce et la civilisation. Ce sera l'époque d'où dateront de grandes révolutions.

« Accoutumé à ne voir la récompense des peines et des travaux de la vie que dans l'opinion de la postérité, j'abandonne l'Égypte avec le plus grand regret. L'intérêt de la patrie, sa gloire, l'obéissance, les événements extraordinaires qui viennent de se passer, me décident de traverser les escadres ennemies pour me rendre en Europe. Je serai d'esprit et de cœur avec vous ; vos succès me seront aussi chers que ceux où je me trouverai moi-même, et je regarderai comme mal employés tous les jours de ma vie où je ne ferai pas quelque chose pour vous. Consolidez le magnifique établissement dont les fondements viennent d'être jetés.

« L'armée que je vous confie est toute composée de mes enfants. J'ai eu dans tous les temps, même au milieu de leurs plus grandes peines, des marques de leur attachement. Entretenez-les dans ces mêmes sentiments ; vous le devez, pour l'amitié et l'estime toute particulière que j'ai pour vous, et l'attachement que je vous porte. »

BONAPARTE.

II

Nous croyons devoir reproduire également le texte intégral du célèbre rapport de Kléber sur la situation de l'armée d'Égypte, à l'époque où il en reçut le commandement.

Nous plaçons en regard les observations critiques de Napoléon sur ce document. En présence de ces pièces authentiques, tout esprit impartial appréciera la modération de Napoléon, et ses égards pour la glorieuse mémoire du héros qui avait su si noblement expier l'erreur d'un moment.

Au quartier général du Caire, le 4 vendémiaire, an VII (26 septembre 1799).

Citoyens directeurs,

« Le général en chef Bonaparte est parti pour la France, le 6 fructidor au matin, sans avoir prévenu personne. Il m'avait donné rendez-vous à Rosette le 7 ; je n'y ai trouvé que ses dépêches. Dans l'incertitude si le général a eu le bonheur de passer, je crois devoir vous envoyer copie et de la lettre par laquelle il me donne le commandement de l'armée, et de celle qu'il adressa au grand-vizir à Constantinople, quoiqu'il sût parfaitement que ce pacha était déjà arrivé à Damas.

Observations de Napoléon.

Le grand-vizir était à la fin d'août à Érivan, dans la Haute-Arménie ; il n'avait avec lui que cinq mille hommes. Le 22 août, on ignorait en Égypte que ce premier ministre eût quitté Constantinople ; l'aurait-on su, qu'on y aurait attaché fort peu d'importance. Au 26 septembre, lorsque cette lettre était écrite, le grand-vizir n'était ni à Damas, ni à Alep, il était au delà du Taurus.

« Mon premier soin a été de prendre une connaissance exacte de la situation actuelle de l'armée.

« Vous savez, citoyens directeurs, et vous êtes à même de vous faire représenter l'état de ses forces à son entrée en Égypte. Elle est réduite de moitié, et nous occupons tous les points capitaux du triangle des cataractes à El-A'rych, d'El-A'rych à Alexandrie, et d'Alexandrie aux cataractes.

L'armée française était de trente mille hommes au moment du débarquement en Égypte, en 1798; puisque le général Kléber déclare qu'elle était réduite de moitié au 26 septembre 1799, elle était donc de quinze mille hommes? Ceci est une fausseté évidente, puisque les états de situation de tous les chefs de corps, envoyés au ministre de la guerre, datés du 1er septembre, portaient la force de l'armée à vingt-huit mille hommes sans compter les gens du pays. Les états de l'ordonnateur Daure faisaient monter la consommation à trente-cinq mille hommes, y compris les abus, les auxiliaires, les rations doubles, les femmes, les enfants. Les états du payeur Estère, envoyés à la trésorerie, faisaient monter l'armée à vingt-huit mille hommes. Comment! dira-t-on, la conquête de la Haute et Basse-Égypte, de la Syrie, les maladies, la peste n'avaient fait périr que quinze cents hommes? Non, il en a péri quatre mille cinq cents; mais, après son débarquement, l'armée fut augmentée de trois mille hommes, provenant des débris de l'escadre de l'amiral Brueix.

Voulez-vous une autre preuve tout aussi forte? c'est qu'au mois d'octobre et de novembre 1801, deux ans après, il a débarqué en France vingt-sept mille hommes venant d'Égypte, sur lesquels vingt-quatre mille appartenaient à l'armée. Les autres étaient des mameloucks et des gens du pays. Or, l'armée n'avait reçu aucun renfort, si ce n'est un millier d'hommes partis par les trois frégates *la Justice*, *l'Égyptienne*, *la Régénérée*, et une douzaine de corvettes ou d'avisos qui arrivèrent dans cet intervalle. En 1800 et 1801, l'armée a perdu quatre mille huit cents hommes, soit de maladie, soit dans la campagne contre le grand-vizir, soit à celle contre les Anglais, en 1801. Deux mille trois cents hommes ont en outre été faits prisonniers dans les forts d'Aboukir, Julien, Rahmaniëh, dans le désert avec le colonel Cavalier, sur le convoi de djermes, au marabout; mais ces troupes ayant été renvoyées en France, sont comprises dans le nombre des vingt-sept mille cinq cents hommes qui ont opéré leur retour.

Il résulte donc de cette seule preuve, qu'au mois de septembre 1799, l'armée était de vingt-huit mille cinq cents hommes, éclopés, vétérans, hôpitaux, etc., tout compris.

« Cependant il ne s'agit plus comme autrefois de lutter contre des hordes de mameloucks découcouragés, mais de combattre et de résister aux efforts réunis de grandes puissances : La Porte, les Anglais et les Russes.

« Le dénûment d'armes, de poudre de guerre, de fer coulé et de plomb, présente un tableau aussi alarmant que la grande et subite diminution d'hommes dont je viens de parler ! Les essais de fonderie n'ont pas réussi ; la manufacture de poudre établie à Baouda n'a pas encore donné et ne donnera probablement pas le résultat qu'on se flattait d'en obtenir ; enfin la réparation des armes à feu est lente, et il faudrait, pour activer ces établissements, des moyens et des fonds que nous n'avons pas.

Les fusils ne manquaient pas plus que les hommes; il résulte des état des chefs de corps de septembre 1799, qu'ils avaient sept mille fusils et onze mille sabres au dépôt; et des états de l'artillerie, qu'il y en avait cinq mille neufs, trois cents pièces de rechange au parc: cela fait donc quinze mille fusils.

Les pièces de canon ne manquaient pas davantage. Il y avait, comme le constatent les états de l'artillerie, quatorze cent vingt-six bouches à feu, dont cent quatre-vingts de campagne; deux cent vingt-cinq mille projectiles, onze cents milliers de poudre; trois millions de cartouches d'infanterie, vingt-sept mille cartouches à canon confectionnées; et ce qui prouve l'exactitude de ces états, c'est que deux ans après, les Anglais trouvèrent treize cent soixante-quinze bouches à feu, cent quatre-vingt-dix mille projectiles, et neuf cents milliers de poudre.

« Les troupes sont nues, et cette absence de vêtements est d'autant plus fâcheuse qu'il est reconnu que, dans ce pays, elle est une des causes les plus actives de la dyssenterie et des ophthalmies, qui sont les maladies constamment régnantes. La première surtout a agi cette année sur des corps affaiblis et épuisés par les fatigues. Les officiers de santé remarquent et rapportent constamment que, quoique l'armée soit considérablement diminuée, il y a cette année un nombre beaucoup plus grand de malades qu'il n'y en avait l'année dernière, à la même époque.

Les draps ne manquaient pas plus que les munitions,

puisque les états de situation des magasins des corps portaient qu'il existait des draps au dépôt, que l'habillement était en confection, et qu'effectivement au mois d'octobre l'armée était habillée de neuf. D'ailleurs, comment manquer d'habillements dans un pays qui habille trois millions d'hommes, les populations de l'Afrique, de l'Arabie, qui fabrique des cotonades, des toiles, des draps de laine en si grande quantité.

« Le général Bonaparte, avant son départ, avait à la vérité donné des ordres pour habiller l'armée en drap; mais pour cet objet, comme pour beaucoup d'autres, il s'en est tenu là; et la pénurie des finances, qui est un nouvel obstacle à combattre, l'a mis, sans doute, dans la nécessité d'ajourner l'exécution de cet utile projet. Il faut parler de cette pénurie.

« Le général Bonaparte a épuisé toutes les ressources extraordinaires dans les premiers mois de notre arrivée. Il a levé alors autant de contributions de guerre que le pays pouvait en supporter. Revenir aujourd'hui à ces moyens, alors que nous sommes au dehors entourés d'ennemis, serait préparer un soulèvement à la première occasion favorable; cependant Bonaparte, à son départ, n'a pas laissé un sou en caisse, ni aucun objet équivalant.

« Il a laissé, au contraire, un arriéré de 12,000,000; c'est plus que le revenu d'une année dans la circonstance actuelle. La solde arriérée pour toute l'armée se monte seule à 4,000,000.

« L'inondation rend impossible en ce moment le recouvrement de ce qui reste dû sur l'année qui vient d'expirer, et qui suffirait à peine pour la dépense d'un mois. Ce ne sera donc qu'au mois de frimaire qu'on pourra en recommencer la perception; et alors, il n'en faut pas douter, on ne pourra s'y livrer, parce qu'il faudra combattre.

« Enfin, le Nil étant cette année très-mauvais, plusieurs provinces, faute d'inondation, offriront des non-valeurs auxquelles on ne pourra se dispenser d'avoir égard.

« Tout ce que j'avance ici, citoyens directeurs, je puis le prouver et par des procès-verbaux et par des états certifiés des différents services.

Depuis longtemps la solde était au courant. Il y avait 150,000 francs d'arriéré; mais cela datait de longue main. Les contributions dues étaient de 16,000,000, comme le prouvent les états du sieur Estève, datés du 1er septembre.

« Quoique l'Égypte soit tranquille en apparence, elle n'est rien moins que soumise. Le peuple est inquiet et ne voit en nous, quelque chose que l'on puisse faire, que des ennemis de sa propriété; son cœur est sans cesse ouvert à l'espoir d'un changement favorable.

La conduite de ce peuple pendant la guerre de Syrie, ne laisse aucun doute sur ses bonnes dispositions; mais il ne faut lui laisser aucun doute sur sa religion, et se concilier les ulémas.

« Les mameloucks sont dispersés, mais ils ne sont pas détruits.

« Mourad-Bey est toujours dans la Haute-Égypte avec assez de monde pour occuper sans cesse une partie de nos forces. Si on l'abandonnait un moment, sa troupe se grossirait bien vite, et il viendrait nous inquiéter sans doute jusque dans cette capitale, qui, malgré la plus grande surveillance, n'a cessé de lui procurer jusqu'à ce jour des secours en argent et en armes.

« Ibrahim-Bey est à Ghazah avec environ deux mille mameloucks; et je suis informé que trente mille hommes de l'armée du grand-vizir et de Djezzar-Pacha y sont déjà arrivés.

Mourad-Bey, réfugié dans l'Oasis, ne possédait plus un seul point dans la vallée; il n'y possédait plus un magasin ni une barque ; il n'avait plus un canon : il n'était suivi que de ses plus fidèles esclaves. Ibrahim-Bey était était à Ghazah avec quatre cent cinquante mameloucks. Comment pouvait-il en avoir deux mille, puisqu'il n'en a jamais eu que neuf cent cinquante, et qu'il avait fait des pertes dans tous les combats de la Syrie.

Il n'y avait pas, en septembre, un seul homme de l'armée du grand-vizir en Syrie ; au contraire, Djezzar-Pacha avait retiré ses propres troupes de Ghazah pour les concentrer sur Acre. Il n'y avait à Ghazah, que les quatre cents mameloucks d'Ibrahim-Bey[1].

1. On doit ajouter qu'il y avait ici, de la part de Kléber, exagération volontaire de ce qu'on pouvait avoir à redouter de Mourad-Bey. Il y avait dès cette époque un commencement

« Le grand-vizir est parti de Damas, il y a environ vingt jours; il est actuellement campé auprès d'Acre.

Le grand-vizir n'était point en Syrie, le 26 septembre. Il n'était pas même à Damas, pas même à Alep; il était au delà du mont Taurus.

« Telle est, citoyens directeurs, la situation dans laquelle le général Bonaparte m'a laissé l'énorme fardeau de l'armée d'Orient. Il voyait la crise fatale s'approcher : vos ordres sans doute ne lui ont pas permis de la surmonter. Que cette crise existe, ses lettres, ses instructions, sa négociation entamée en font foi : elle est de notoriété publique, et nos ennemis semblent aussi peu l'ignorer que les Français qui se trouvent en Égypte.

« Si cette année, me dit le général Bonaparte, « malgré toutes les précautions, la peste était en « Égypte, et que vous perdissiez plus de quinze « cents soldats, perte considérable puisqu'elle se-« rait en sus de celle que les événements de la « guerre occasionneraient journellement, dans ce « cas, vous ne devez pas vous hasarder à soutenir la « campagne prochaine; et vous êtes autorisé à con-« clure la paix avec la Porte Ottomane, quand « même l'évacuation de l'Égypte en serait la con-« dition principale. »

« Je vous fais remarquer ce passage, citoyens

d'intelligences secrètes entre ce chef et les Français, et Kléber savait qu'il pouvait compter au moins sur sa neutralité.

directeurs, parce qu'il est caractéristique sous plus d'un rapport, et qu'il indique surtout la situation critique dans laquelle je me trouve.

« Que peuvent quinze cents hommes de plus ou de moins dans l'immensité de terrain que j'ai à défendre, et aussi journellement à combattre?

Cette *crise fatale* était dans l'imagination du général, et surtout des intrigants qui voulaient l'exciter à quitter le pays.

Napoléon avait commencé les négociations avec Constantinople, dès le surlendemain de son arrivée à Alexandrie ; il les a continuées en Syrie. Il avait plusieurs buts; d'abord d'empêcher la Porte de déclarer la guerre, puis de la désarmer, ou, au moins, de rendre les hostilités moins actives ; enfin, de connaître ce qui se passait par les allées et venues des agents turcs et français, qui le tenaient au courant des événements de l'Europe.

Où était la *crise fatale?* L'armée russe qui, soi-disant, était aux Dardanelles, était un premier fantôme ; l'armée anglaise, qui avait déjà passé le détroit, en était un second ; enfin, le grand-vizir, à la fin de septembre, était encore bien éloigné de l'Égypte. Quand il aurait passé par le mont Taurus et le Jourdain, il avait à lutter contre la jalousie de Djezzar ; il n'avait avec lui que cinq mille hommes ; il devait former son armée en Asie, et peut-être y réunir quarante à cinquante mille hommes, qui n'avaient jamais fait la guerre, et qui étaient aussi peu redoutables que l'armée du Mont-Thabor. C'était en réalité un troisième fantôme.

Les troupes de Moustapha-Pacha étaient les meilleures troupes ottomanes ; elles occupaient, à Aboukir, une position redoutable. Cependant elles n'avaient opposé aucune résistance. Le grand-vizir n'aurait jamais osé passer le désert devant l'armée française, ou, s'il l'avait osé, il eût été très-facile de le battre.

L'Égypte ne courait donc de dangers que par le mauvais esprit qui s'était mis dans l'état-major.

La peste, qui avait affligé l'armée en 1799, lui avait fait perdre sept cents hommes. Si celle qui l'affligerait en 1800 lui en faisait perdre quinze cents, elle serait donc double en malignité. Dans ce cas, le général partant voulait prévenir les seuls dangers que pouvait courir l'armée, et diminuer la responsabilité de son successeur, l'autorisant à traiter, s'il ne recevait pas de nouvelles du gouvernement avant le mois de mai 1800, à condition que l'armée française resterait en Égypte jusqu'à la paix générale.

Mais enfin, le cas n'était pas arrivé : on n'était pas au mois de mai, puisqu'on n'était qu'au mois de septembre ; on avait donc tout l'hiver à passer, pendant lequel il était probable qu'on recevrait des nouvelles de France ; enfin, la peste n'affligea pas l'armée en 1800 et 1801.

« Le général dit ailleurs : « Alexandrie et El-A'rych, voilà les deux clefs de l'Égypte. »

« El-A'rych est un méchant fort à quatre jours de marche du désert. La grande difficulté de l'approvisionner ne permet pas d'y jeter une garnison de plus de deux cent cinquante hommes. Six cents mameloucks et Arabes pourront, quand ils voudront, intercepter sa communication avec Katiëh ; et comme, lors du départ de Bonaparte, cette garnison n'avait pas pour quinze jours de vivres en avance, il ne faudrait pas plus de temps pour l'obliger à se rendre sans coup férir. Les Arabes seuls étaient dans le cas de faire des convois soutenus dans les brûlants déserts; mais d'un côté ils ont tant de fois été trompés que, loin de nous offrir leurs services, ils s'éloignent et se cachent. D'un autre côté, l'arrivée du grand-vizir, qui enflamme leur fanatisme et leur prodigue des dons, contribue tout autant à nous en faire abandonner.

Le fort d'El-A'rych, qui peut contenir cinq ou six cents hommes de garnison, est construit en bonne maçonnerie; il domine le puits et la forêt de palmiers de l'oasis de ce nom. C'est une vedette située près de la Syrie, la seule porte par où toute armée qui veut attaquer l'Égypte par terre, puisse passer. Les localités offrent beaucoup de difficultés aux assiégeants. C'est donc à juste titre qu'il peut être appelé une des clefs du désert.

« Alexandrie n'est point une place, c'est un camp retranché ; il était à la vérité assez bien défendu par une artillerie de siége; mais depuis que nous l'avons perdue, cette artillerie, dans la désastreuse campagne de Syrie; depuis que le général Bonaparte a retiré toutes les pièces de marine pour armer au complet les deux frégates avec lesquelles il est parti, ce camp ne peut plus offrir qu'une faible résistance.

Il y avait à Alexandrie quatre cent cinquante bouches à feu de tout calibre. Les vingt-quatre pièces que l'on avait perdues en Syrie, appartenaient aux équipages de siége, et n'avaient jamais été destinées à faire partie de l'armement de cette place. Les Anglais y ont trouvé, en 1801, plus de quatre cents pièces de canon, indépendamment des pièces qui armaient les frégates et autres bâtiments.

« Le général Bonaparte enfin s'est fait illusion sur l'effet du succès qu'il a obtenu au poste d'Aboukir.

« Il a en effet détruit la presque totalité des Turcs qui étaient débarqués; mais qu'est-ce qu'une perte pareille pour une grande nation à laquelle on a ravi la plus belle portion de son empire, et à qui la religion, l'honneur et l'intérêt prescrivent également de se venger et de reconquérir ce qu'on avait pu lui enlever? Aussi cette victoire n'a-t-elle retardé d'un instant ni les préparatifs ni la marche du grand-vizir.

L'armée de Moustapha, pacha de Roumélie, qui débarqua à Aboukir, était de dix-huit mille hommes. C'était l'élite des troupes de la Porte, qui avaient fait la guerre contre la Russie. Ces troupes étaient incomparablement meilleures que celles du Mont-Thabor et toutes les troupes asiatiques, dont devait se composer l'armée du grand-vizir.

Le grand-vizir n'a appris la défaite d'Aboukir qu'à Érivan, dans l'Arménie, par la mer Caspienne.

« Dans cet état de choses, que puis-je et que dois-je faire? Je pense, citoyens directeurs, que c'est de continuer les négociations entamées par Bonaparte; quand elles ne donneraient d'autre résultat que celui de gagner du temps, j'aurais déjà lieu d'en être satisfait. Vous trouverez ci-jointe la lettre que j'écris en conséquence au grand-vizir, en lui envoyant le duplicata de celle de Bonaparte. Si ce ministre répond à ces avances, je lui proposerai la restitution de l'Égypte aux conditions suivantes :

« Le grand seigneur y établirait un pacha comme pour le passé.

« On lui abandonnerait le miry, que la Porte a toujours perçu de droit et jamais de fait.

Ceci est bien projeté, mais mal exécuté ; il y a loin de là à la capitulation d'El-A'rych. Tout traité avec la Porte, s'il avait ces deux résultats, de lui faire tomber les armes des mains et de conserver l'armée en Égypte, était bon.

« Le commerce serait ouvert réciproquement entre la Porte et la Syrie.

« Les Français demeureraient dans le pays, occuperaient les places et les forts, et percevraient tous les autres droits, avec ceux des douanes, jusqu'à ce que le gouvernement ait conclu la paix avec l'Angleterre.

« Si ces conditions préliminaires et sommaires étaient acceptées, je croirais avoir fait plus pour la patrie qu'en obtenant la plus éclatante victoire ; mais je doute que l'on veuille prêter l'oreille à ces dispositions. Si l'orgueil des Turcs ne s'y opposait point, j'aurais à combattre l'influence des Anglais. Dans tous les cas je me guiderai d'après les circonstances.

« Je connais toute l'importance de la possession de l'Égypte ; je disais en Europe qu'elle était pour la France le point d'appui avec lequel elle pourrait remuer le système du commerce des quatre parties du monde; mais pour cela il faut un puissant levier; et ce levier c'est la marine. La nôtre a existé; depuis lors tout a changé, et la paix avec la Porte peut seule, ce me semble, nous offrir une voie horable pour nous tirer d'une entreprise qui ne peut plus atteindre l'objet qu'on avait pu se proposer.

« Je n'entrerai point, citoyens directeurs, dans les détails de toutes les combinaisons diplomatiques que la situation actuelle de l'Europe peut offrir; ils ne sont point de mon ressort.

La destruction de onze vaisseaux de guerre, dont trois étaient hors de service, ne changeait rien à la situation de la République, qui était, en 1800, tout aussi inférieure sur mer qu'en 1798. Si l'on eût été maître de la mer, on eût marché droit à la fois sur Londres, sur Dublin et sur Calcutta : c'était pour le devenir que la République voulait posséder l'Égypte. Cependant la République avait assez de vaisseaux pour pouvoir envoyer des renforts en Égypte, lorsque ce serait nécessaire. Au moment où le général écrivait cette lettre, l'amiral Brueix, avec quarante-six vaisseaux de haut bord, était maître de la Méditerranée; il eût secouru l'armée d'Orient, si les troupes n'eussent été nécessaires en Italie, en Suisse et sur le Rhin.

« Dans la détresse où je me trouve, et trop éloigné du centre des mouvements, je ne puis guère m'occuper que du salut et de l'honneur de l'armée que je commande : heureux si, dans mes sollicitudes, je réussis à remplir vos veux; plus rapproché de vous, je mettrais toute ma gloire à vous obéir?

« Je joins ici, citoyens directeurs, un état exact de ce qui nous manque en matériel pour l'artillerie, et un tableau sommaire de la dette contractée et laissée par Bonaparte.

« Salut et respect,

« Signé : KLÉBER. »

P. S. « Au moment, citoyens directeurs, où je vous expédie cette lettre, quatorze ou quinze voiles turques sont mouillées devant Damiette, attendant la flotte du Capitan-pacha, mouillée à Jaffa, et portant, dit-on, quinze mille hommes de débarquement. Quinze mille hommes sont toujours réunis à Ghazah, où le grand-vizir s'achemine de Damas. Il nous a renvoyé, la semaine dernière, un soldat de la 25e demi-brigade, fait prisonnier du côté d'El-A'rych. Après lui avoir fait voir tout le camp, il lui a intimé de rapporter à ses compagnons ce qu'il avait vu, et de dire à leur général de trembler. Ceci paraît annoncer ou la confiance que le grand-vizir met dans ses forces, ou un désir de rapprochement. Quant à moi, il me serait de toute impossibilité de réunir plus de cinq mille hommes en état d'entrer en campagne. Nonobstant ce, je tenterai la fortune, si je ne puis parvenir à gagner du temps par des négociations. Djezzar a retiré ses troupes de Ghazah, et les a fait revenir à Acre. »

Cette apostille peint l'état d'agitation du général Kléber. Il avait servi huit années comme officier dans un régiment autrichien; il avait fait les campagnes de Joseph II, qui s'était laissé battre par les Ottomans; il avait conservé une opinion fort exagérée de ceux-ci. Sidney-Smith, qui avait déjà fait perdre à la Porte l'armée de Moustapha, pacha de Roumélie, qu'il avait débarquée à Aboukir, vint mouiller à Damiette, avec soixante transports sur lesquels étaient embarqués sept mille Janissaires, de très-bonnes troupes. C'était l'arrière-garde de l'armée de Moustapha-Pacha. Au 1er novembre, il les débarqua sur la plage de Damiette: l'intrépide général Verdier marcha à eux, avec mille hommes, les prit, les tua, ou les jeta dans la mer. Six pièces de canon furent ses trophées.

Le capitan-pacha n'était point à Jaffa; l'armée du vizir n'était point en Syrie; il n'y avait donc pas trente mille hommes à Ghazah. Les armées russes et anglaises ne songeaient point à attaquer l'Égypte.

Cette lettre est donc pleine de fausses assertions. On croyait que Napoléon n'arriverait point en France; on s'était décidé à évacuer le pays; on voulut justifier cette évacuation, car cette lettre arriva à Paris le 12 janvier. Le général Berthier la mit sous les yeux du premier Consul; elle était accompagnée du rapport et des comptes de l'ordonnateur Daure, du payeur Estève, et de vingt-huit rapports de colonels et chefs de corps d'artillerie, infanterie, cavalerie, dromadaires, etc.; tous ces états, que fit dépouiller le ministre de la guerre, présentaient des rapports qui contredisaient le général en chef. Mais heureusement pour l'Égypte qu'un duplicata de cette lettre tomba entre les mains de l'amiral Keith, qui l'envoya aussitôt à Londres. — Le ministre anglais écrivit sur-le-champ, pour qu'on ne reconnût aucune capitulation qui aurait pour but de ramener l'armée d'Égypte en France; et que, si déjà elle était était en mer, il fallait la prendre et la conduire dans la Tamise.

Par un second bonheur, le colonel Latour-Maubourg,

parti de France à la fin de janvier avec la nouvelle de l'arrivée de Napoléon en France, celle du 18 brumaire, la Constitution de l'an VIII, et la lettre du ministre de la guerre du 12 janvier, en réponse à celle de Kléber ci-dessus, arriva au Caire le 4 mai, dix jours avant le terme fixé pour la remise de cette capitale au grand-vizir. Kléber comprit qu'il fallait vaincre ou mourir; il n'eut qu'à marcher.

Ce ramassis de canaille, qui se disait l'armée du grand-vizir, fut rejeté au delà du désert, sans faire aucune résistance. L'armée française n'eut pas cent hommes tués ou blessés, en tua quinze mille, leur prit leurs tentes, leurs bagages et leur équipage de campagne.

Kléber changea alors entièrement; il s'appliqua sérieusement à améliorer le sort de l'armée et du pays; mais le 14 juin 1800, il périt sous le poignard d'un misérable fanatique.

S'il eût vécu lorsque, la campagne suivante, l'armée anglaise débarqua à Aboukir, elle eût été perdue ; peu d'Anglais se fussent rembarqués, et l'Égypte eût été à la France[1].

1. Le rétablissement de l'Empire a réveillé d'injustes haines contre la mémoire de Napoléon. Tout récemment encore l'auteur d'un pamphlet décoré du titre d'histoire, M. Lanfrey, a essayé d'infirmer les assertions de Napoléon et de réhabiliter celles de Kléber. Il prétend réfuter Napoléon par lui-même, en opposant à ses observations sur le rapport de Kléber une lettre écrite le 28 juin précédent au Directoire, dans laquelle Bonaparte exagérait sciemment ses pertes et le mauvais état de son armée, pour hâter l'envoi des secours de la métropole. Il est impossible de se prévaloir d'une pièce écrite dans de semblables circonstances, et l'on peut en dire autant des documents émanant de Poussielgue et de Dugua, interceptés par les Anglais en même temps que le rapport de Kléber.

III

Du quartier général, à Damas (sans date).

YOUSSEF-PACHA, *grand-vizir et généralissime de l'armée de la Sublime-Porte,*

Au modèle des princes de la nation du Messie, au soutien des grands de la secte de Jésus, l'estimé et affectionné BONAPARTE (*dont la fin soit heureuse*), *l'un des généraux de la République française,*

SALUT ET AMITIÉ.

« J'ai reçu votre lettre par la voie de Mahmed-Koushdy effendi, et j'en ai compris le contenu.

« Tout le monde connaît l'ancienne amitié de la Sublime-Porte pour la France gouvernée par ses rois, et sa grande bienveillance envers la République française, mais personne n'ignore non plus que les Français, excités et poussés par des malintentionnés, portés à semer partout le trouble et la discorde, ont entrepris de faire des choses que jamais on n'avait ouïes, et qu'aucune nation, ni ancienne ni moderne, n'a jamais faites. C'est ainsi qu'ils ont attaqué l'Égypte à l'improviste, et se sont emparés de ce pays, quoiqu'il fût sous la domination directe de la Sublime-Porte.

« Il est étonnant qu'après une semblable démarche, vous ayez pu écrire dans votre lettre que la République française est notre amie, et que les ennemis de la Sublime-Porte sont ceux que la Sublime-Porte regarde comme ses véritables et loyauxamis.

« Sont-ce les Anglais, les Russes ou les Allemands dont vous parlez ainsi, qui ont engagé les Français à surprendre l'Égypte et à s'en rendre maîtres?

« Lequel de ces trois gouvernements a fait en temps de paix la moindre chose qui soit contraire aux droits des nations?

« Vous m'écrivez que l'intention de la République n'a été que de détruire les mameloucks, et qu'elle a toujours désiré de vivre en paix et en bonne amitié avec la Sublime-Porte. Mais les mameloucks étant dans la dépendance de la Sublime-Porte, c'est à elle de les diriger; d'ailleurs, une pareille intention était-elle conforme aux lois des nations même des plus petites?

« Les témoignages de l'affection et de l'amitié de la République française envers la Sublime-Porte ne peuvent que paraître bien étranges, dans le temps que, malgré la bienveillance et l'amitié que la Sublime-Porte a toujours témoignées à votre gouvernement, les Français ont rompu avec elle la bonne harmonie, d'une manière tout à fait contraire aux droits des nations, et ont commis par là une action blâmable.

« C'est une idée bien extraordinaire que celle que vous avez de vouloir instruire la Sublime-Porte de la véritable situation de l'Arabie et de l'Égypte, qui lui appartiennent. Sachez qu'après que les Français ont eu de vive force attaqué l'Égypte, et que la Sublime-Porte leur a déclaré, conformément à la loi et aux droits des nations, une guerre qui a pour elle les augures de la victoire, on n'a pas différé un moment de préparer tout ce qui est nécessaire pour combattre, et à lever, dans tout l'Empire ottoman, des troupes aussi nombreuses que les étoiles des cieux, pour les faire marcher par bataillons vers la Syrie et l'Égypte. Il était nécessaire que l'hiver finît, qu'on entrât dans la belle saison, et que moi-même, plénipotentiaire absolu et généralissime de l'armée de la Sublime-Porte, je me rendisse en Égypte par la Syrie, conformément aux ordres, auxquels obéit l'univers, du très-puissant, très-magnifique, très-grand, très-fort, mon protecteur, mon seigneur, mon souverain, qui est aussi grand que le grand Alexandre, roi des rois, asile de la justice.

« Après avoir complété le nombre des canonniers, celui des bombes, des canons et de tous les instruments de guerre, je suis entré à Damas.

« D'un côté, j'envoie devant moi par terre des troupes toujours fatales à leurs ennemis, me tenant à l'arrière-garde, prêt à marcher avec mon quartier général. D'un autre côté, les Français, pour avoir rompu la paix d'une manière inouïe, ont été dispersés et détruits à Corfou et en Italie; ce qui devait nécessairement être le résultat de leur démarche peu réfléchie. Les escadres de la Sublime-Porte et des deux glorieuses nations nos alliées, les Anglais et les Russes, qui se trouvaient dans ces parages, après avoir été devant Alexandrie, sont employées en Chypre à l'embarquement d'un grand nombre de troupes nouvelles; et l'escadre anglaise jointe à celle de la Sublime-Porte, doivent attaquer de concert Alexandrie et ses parages. Ce sera alors, comme vous pouvez le juger vous-même, que les Français connaîtront bien la véritable situation de l'Arabie, *et tu verras, quand la poussière sera dissipée, si tu es sur un cheval ou sur un âne.*

« Mais comme dans votre lettre vous manifestez le penchant que vous avez à renouer une amitié pure et sincère, et qu'ainsi il paraît que vous demandez sûreté et sauf-conduits, expliquez-moi si vous désirez seulement sauver votre vie, parce que dans ce cas-là, en vertu de la loi de Mahomet, qui ne permet pas d'étendre le sabre sur ceux qui demandent grâce et pardon, je vous ferai embarquer avec tous les Français qui se trouvent en Égypte, et je vous ferai parvenir sains et saufs dans les ports de France. Que si vous ne vous fiez pas à ce que je vous propose, et que vous soupçonniez quelque mauvais dessein, apprenez que si l'on manquait à un pareil engagement, ce serait violer ce que la loi nous prescrit, et agir d'une manière tout à fait opposée aux droits des nations; tandis que l'on est bien loin de se croire permis de se détourner, à votre exemple, du chemin droit, pour suivre un sentier qui n'est pas conforme aux principes et aux règlements des nations.

« Quoique la paix soit dans tous les temps préférable à la guerre, cette paix ne peut d'aucune manière être conclue en Égypte ; mais si vous partez, en vous embarquant sur les bâtiments de la Sublime-Porte, vous n'aurez rien à craindre pendant la traversée, ni de la part des Russes, ni de celle des Anglais, nos alliés ; et vous épargnerez l'effusion du sang humain, et la destruction inutile de tant de malheureux qui seraient foulés aux pieds des chevaux des Musulmans.

« Que si, à votre arrivée à Paris, le vœu de la République est de rétablir la paix, et si l'on fait part de ces dispositions à la Sublime-Porte, par la médiation de notre ambassadeur ou de tout autre, je ferai de mon côté tout ce qui dépend de moi, pour le succès d'une affaire si utile.

« Dans le cas où vous n'adhéreriez à des propositions si convenables, j'espère qu'à mon arrivée dans ces contrées, je finirai, comme je le dois, tout ce qui vous concerne, et je mettrai un terme à la route que fait la République française, route qui ne peut la conduire qu'à sa perte. Le créateur de la lumière du monde n'approuve pas les massacres que les Français ont fait des Français, d'une manière contraire aux lois et aux règlements : c'est la cause pour laquelle ils ont commencé à être malheureux et dispersés de tous côtés.

« Indépendamment de cent mille Français environ qui ont été tués dans les départements de l'Italie, dans les villes d'Ancône et de Naples et dans les environs, votre escadre qui était sortie pour venir au secours de l'armée d'Égypte, a été brûlée par les escadres anglaises, russes et de la Sublime-Porte. Vous pouvez conclure de tous ces événements que le vent du malheur et du désordre commence à souffler contre les Français, et qu'ils sont devenus désormais l'objet de la colère du Très-Haut.

« Vous qui êtes renommé par votre intelligence, et par la sagesse de la direction que vous avez imprimée aux affaires de la République française, vous aussi, vous n'avez considéré le lendemain que d'aujourd'hui.

« Le grand Seigneur, souverain de la terre, roi des rois, asile de la justice, ayant destiné une armée formidable contre l'Égypte, vous connaîtrez bientôt, s'il plaît à Dieu, la grandeur, la dignité, le zèle et la force de la Sublime-Porte.

« Quoique d'après les fausses démarches des Français et leur conduite contraire aux droits des nations, il ne fût pas nécessaire de répondre à ce que vous m'avez écrit ; sans m'arrêter à ces considérations, et parce que le refus d'une réponse serait contraire aux usages et à la bienveillance, je vous ai écrit cette lettre amicale, et je vous l'ai envoyée par ledit effendi. Après que vous l'aurez reçue, ce sera à vous à choisir celui des deux partis que vous devez prendre. »

IV

Au quartier général de Damas (sans date).

Au modèle des princes de la nation du Messie, au soutien des grands de la secte de Jésus, à l'honoré et estimé KLÉBER, *dont la fin puisse être heureuse, un des généraux de France,*

SALUT ET AMITIÉ.

« J'ai reçu la lettre que vous m'avez envoyée par le trésorier de Moustapha-Pacha, et j'en ai compris le contenu, qui me fait voir que vous êtes disposé à rétablir la paix entre la Sublime-Porte et la République française, et que vous cherchez à excuser ce qui s'est passé. Vous m'avez annoncé en même temps que Bonaparte était parti du Caire, et que vous l'aviez remplacé. J'ai reçu, jointe à cette lettre, la double copie de celle que m'avait écrite Bonaparte, qui me fut remise par Mahmed-Koushdy effendi, et que vous me dites m'avoir envoyée dans la crainte que la première n'ait été prise par quelqu'un des bâtiments qui croisent dans la Méditerranée. Je pense que vous avez reçu ma réponse à la lettre de Bonaparte, que j'ai envoyée par le même effendi qui était porteur de la sienne, et que vous avez parfaitement compris le sens de ce que je lui écrivais.

« Il me semble par votre lettre, ainsi que je vous l'ai déjà dit, que vous désirez la paix que les hommes sensés ont toujours préférée à la guerre. Quel est celui qui n'aime pas mieux la tranquillité publique que l'effusion du sang humain ?

« Je dois vous observer, d'après le désir que vous montrez de rétablir la paix entre la Sublime-Porte et la République française, qu'il faut commencer par faire connaître les pouvoirs donnés par les cinq directeurs de France, désigner ensuite les plénipotentiaires et le lieu des conférences où l'on pourra discuter tout ce qui peut renouer la paix entre les deux puissances, et que nécessairement ces préliminaires prendront beaucoup de temps.

« Si, en me proposant la paix, vous n'avez d'autre intention que de retourner en sûreté d'où vous êtes venu, et entamer des négociations pour cet objet ; quoique je sois en route pour marcher au Caire, suivi d'une armée innombrable et pleine de confiance dans la puissance du Très-Haut, la loi de Mahomet prescrivant formellement à tous les musulmans de favoriser tous ceux qui demandent protection et salut, ainsi que je l'ai dit dans ma réponse à Bonaparte, je vous ferai avoir toute sûreté de la part de la Sublime-Porte, pour qu'il n'arrive le moindre dommage, de la part des Anglais ou de tout autre, à vous, ni à aucun des Français qui sont en Égypte, et qui pourront en partir avec leurs armes. Je garantirai votre retour en France sur les bâtiments français qui sont en Égypte, et s'ils ne suffisent pas, sur ceux de la Sublime-Porte.

« Lorsque vous serez arrivés dans votre pays, si votre République témoigne le désir de rétablir la paix avec la Sublime-Porte, vous savez qu'il doit être ouvert à cet effet des négociations entre les envoyés de part et d'autre, conformément aux anciens usages établis.

« Si vous désirez donc assurer votre retour dans votre pays, cet arrangement pourra avoir lieu conformément à ce que je viens de vous dire ; et si vous avez quelque autre moyen qui vous paraisse plus convenable pour votre sûreté, ne tardez pas à m'en instruire. C'est pour cet objet que je vous écris la présente ; quand vous l'aurez reçue et que vous en aurez compris le contenu, réfléchissez beaucoup à sa fin, en saisissant bien ce que je vous propose. »

V

Au quartier général du Caire, an VII de la République (30 octobre 1799).

KLÉBER, *général en chef,*
A M. SIDNEY-SMITH, *commandant l'escadre anglaise dans les mers du Levant.*

« Monsieur le général,

« Je reçois votre lettre au sujet de celles que le général Bonaparte et moi avons écrites au grand-vizir le 30 thermidor et 1er jour complémentaire derniers.

« Je n'ignorais pas l'alliance contractée entre la Grande-Bretagne et l'empire Ottoman ; mais je crois inutile de vous exposer les motifs d'après lesquels je me suis expliqué directement avec le grand-vizir. Vous sentez comme moi que la République française ne doit à aucune des puissances avec lesquelles elle était en guerre, quand nous sommes venus en Égypte, compte des motifs qui nous y ont amenés.

« Au reste, dans les dernières conférences que j'ai eues avec Mahmed-Koushdy effendi, j'ai demandé moi-même votre intervention dans ces négociations, persuadé, comme je le suis, qu'elles peuvent devenir les préliminaires d'une paix générale, que vous désirez sans doute autant que moi.

Je ne m'arrête pas à tout ce qui, dans votre lettre, est étranger à cet objet ; vous n'avez jamais pensé sérieusement, monsieur le général, qu'une armée française, et chacun des individus qui la composent, pussent écouter des propositions incompatibles avec la gloire et l'honneur. Partout où l'on sert son pays l'on est bien. Et certes ! l'Égypte, le pays le plus fertile de la terre, n'est pas plus un exil que les mers orageuses que vous êtes contraints d'habiter.

« Les Français n'ont jamais demandé à quitter l'Égypte, uniquement pour retourner dans leur patrie ; ils le demanderaient encore moins aujourd'hui qu'ils ont vaincu tous les obstacles intérieurs, et multiplié leurs moyens de défense à l'extérieur; mais ils la quitteraient avec autant de plaisir que d'empressement si cette évacuation pouvait devenir le prix de la paix générale.

« Les événements de l'Europe et des Indes n'ont rien de commun avec ma position en Égypte. Que les armées françaises aient éprouvé des revers au delà des Alpes, c'est une bataille perdue qui nous a ôté l'Italie, une bataille gagnée nous la rendra ; et l'Europe a déjà vu que la République française sait se relever avec éclat de ses revers.

« Les forces que je commande peuvent me suffire encore longtemps, et quelque actives que soient les croisières ennemies dans la Méditerranée, elles n'empêcheront pas plus un secours d'arriver, qu'elles n'ont empêché l'escadre française de passer de Brest à Toulon, et de sortir ensuite de Toulon pour se réunir à l'escadre espagnole.

« Le moindre secours que je recevrais, me rendrait pour toujours inexpugnable. Avant deux mois, je n'ai rien à craindre du grand-vizir. Avec deux cents hommes, je garde les défilés inondés des pays cultivés, et si cette armée est retenue dans les déserts, elle est forcée d'y périr de misère.

« J'ai une cavalerie et une artillerie nombreuses, pour garder les forts, qui dans deux mois, et lorsqu'il sera possible de faire une attaque combinée, seront inabordables.

« En attendant, la Nubie et l'Abyssinie me fournissent des recrues nombreuses. Une poudrière, une fonderie et des manufactures d'armes sont en activité, et me mettent insensiblement en état de me passer des secours de l'Europe.

« Il est donc indifférent à la sûreté de l'armée que vous soyez les maîtres des deux mers avec lesquelles nous communiquons.

« Mais comme le but auquel en définitive nous devons atteindre, est la paix ; qu'on peut, en s'entendant, la faire dès à présent comme on la fera plus tard ; qu'on épargnerait ainsi l'effusion de beaucoup de sang ; qu'enfin je ne connais pas de gloire au-dessus de celle que l'histoire reconnaissante distribuera aux précurseurs d'un si grand bienfait, j'ai fait les avances convenables pour commencer cet ouvrage; et la place honorable que vous occupez dans la carrière politique, m'assure, monsieur le général, que votre âme ne peut concevoir d'ambition plus noble que celle de concourir à l'achever.

« L'intégrité de l'empire Ottoman, qui est la base de l'alliance de l'Angleterre avec la Sublime-Porte, est aussi l'objet de la sollicitude de la République française. J'ai écrit au grand-vizir, et je vous le répète, l'Égypte, que nous avons considérée comme lui appartenant, sera restituée à cette puissance aussitôt qu'une paix solide entre la France, l'Angleterre et la Sublime-Porte, assurera cette intégrité même de l'empire Ottoman.

« Je sens parfaitement comme vous, monsieur le général, que la paix générale ne peut avoir lieu avant l'évacuation de l'Égypte, et qu'elle pourrait être accélérée par l'évacuation préliminaire. Mais ce préliminaire ne peut en être un aux négociations, il doit simplement en être une suite ; et s'il est vrai que ce n'est pas dans un endroit aussi éloigné du siége des gouvernements respectifs que la paix générale peut être conclue, je ne pense pas qu'il en soit de même pour les négociations.

« J'ajouterai, à l'égard de l'Angleterre, que les circonstances me paraissent avoir apporté de grands changements dans ses intérêts politiques ; changements qui doivent rendre très-facile la fin de nos malheureux débats.

« Il est temps que deux nations qui peuvent ne pas s'aimer, mais qui s'estiment, deux nations les plus civilisées de l'Europe cessent de se battre.

« Je me féliciterais, monsieur le général, d'avoir avec vous l'avantage d'arriver à ces heureux résultats. J'en trouve un augure favorable dans le désir qui nous est commun de baser nos communications officielles sur la franchise du caractère militaire ; il me sera naturel d'écarter tout sentiment étranger à la plus parfaite estime.

« J'ai écrit au grand-vizir d'envoyer deux personnes de marque pour entamer les conférences dans un lieu qu'il indiquera ; de mon côté, j'enverrai le général de division Desaix et l'administrateur général des finances Poussielgue. Si vous désirez que ces conférences se tiennent à bord de votre vaisseau, j'y consentirai volontiers.

« J'ai l'honneur d'être avec une haute considération, etc

« Signé : KLÉBER. »

VI

Instructions données par le général en chef Kléber *au général de division* Desaix *et à l'administrateur général des finances* Poussielgue, *pour les conférences relatives à l'occupation et à l'évacuation de l'Égypte.*

1° Les envoyés proposeront, à l'ouverture de la conférence, d'arrêter une suspension d'armes pour tout le temps qu'elles dureront, sous la condition, en cas de rupture, de n'en agir offensivement de part et d'autre, que quinze jours après la notification de ladite rupture. Si cette proposition est agréée, même avec quelques modifications que les envoyés trouveront convenables, ils sont autorisés à signer ledit armistice.

2° La triple alliance entre la Porte, les Anglais et les Russes, ayant eu pour objet apparent l'intégrité du territoire et de l'empire ottomans, une des premières conditions à exiger pour consentir à l'évacuation de l'Égypte est la dissolution de cette triple alliance contre la France, et une nouvelle garantie du gouvernement anglais de cette même intégrité de l'empire ottoman.

3° Depuis l'envahissement de l'Égypte par les Français, la Porte, en usant de représailles, s'est emparée des îles de Corfou, Zante et Céphalonie. Les envoyés demanderont, de la manière la plus expresse, que ces îles, et ce qui en dépend, soient restituées à la France, à qui elles seront garanties par la Porte et par le gouvernement anglais, tout le temps que durera la guerre.

4° Ainsi, dès que l'évacuation de l'Égypte aura été arrêtée, ces îles et les places qu'elles renferment ou qui en dépendent seront abandonnées par les troupes de la Porte et par celles de ses alliés. Le général en chef Kléber sera maître d'y envoyer de suite et directement de l'Égypte telles garnisons, munitions de guerre et de bouche qu'il jugera convenables. Il est entendu, du reste, que les ports et places de ces îles seront restitués dans le même état où ils se trouvaient lorsque les troupes ottomanes s'en sont emparées.

5° Le gouvernement anglais tirant le plus grand avantage de l'évacuation de l'Égypte, il lui sera demandé formellement, ainsi qu'à la Porte, une garantie, sur la possession, durant la guerre, des îles de Malte et de Goze, de leurs forteresses et dépendances. Le général en chef aura pareillement la faculté de ravitailler la forteresse de Malte et ses dépendances, tant en troupes qu'en munitions de guerre et de bouche, qui seront envoyées directement de l'Égypte avec les passe-ports et sauf-conduits nécessaires. Le général en chef pense que cet article devra souffrir d'autant moins de difficultés que, si la Sublime-Porte et le gouvernement anglais avaient à opter sur l'occupation de ces iles par les Français ou par les Russes, ils devraient, en bonne politique, solliciter les premiers pour y rester et s'y maintenir plutôt que les voir possédées par ces derniers.

6° Dans le cas où, par l'acceptation des articles ci-dessus, l'évacuation de l'Égypte serait consentie par les plénipotentiaires français, ils traiteront des détails sur la manière dont cette évacuation aura son exécution, et stipuleront nominativement les places et forts qui seront successivement remis au commissaire de la Porte.

7° Aussitôt que le général en chef sera instruit de l'acceptation des articles ci-dessus, il enverra au lieu où se tiendront les conférences l'ordonnateur de la marine, pour régler et déterminer le nombre des bâtiments qui devra être fourni par la Sublime-Porte à l'armée française, pour elle, ses bagages, munitions de guerre et de bouche.

8° La forme des saufs-conduits pour le passage de l'armée sera stipulée particulièrement : ils devront être conçus de la manière la plus honorable, et tels qu'il ne puisse être apporté aucune entrave à ce qui aura été convenu de part et d'autre.

9° Les délégués français exigeront la garantie de la vie et des biens de ceux des habitants de l'Égypte qui ont servi les Français avec la soumission que l'on doit à tout gouvernement établi.

10° Toutes choses devront être rétablies entre la France et la Sublime-Porte comme par le passé ;

les négociants français résidant en Égypte, ou ceux qui voudraient s'y fixer par la suite, jouiront de la même liberté, des mêmes priviléges de franchises qu'avant l'occupation dans ce pays par l'armée française.

11° Tous les prisonniers faits de part et d'autre, à Corfou, Zante, Céphalonie, en Syrie, ou en Barbarie, ou sur quelque autre point de l'empire ottoman, soit par les Français, la Porte, les Anglais ou les Russes, seront mis en liberté sans rançon, et renvoyés dans leur patrie respective avec les secours et passe-ports nécessaires.

12° Toute hostilité entre la France et la Sublime-Porte, ainsi qu'entre les puissances barbaresques, cessera aussitôt après l'évacuation de l'Égypte, en attendant la conclusion définitive de la paix entre lesdites puissances.

13° Les plénipotentiaires français sont autorisés à stipuler et consentir toutes autres conditions qu'ils jugeront convenables ou conformes aux intérêts de la nation, mais en tant seulement qu'elles ne seront pas diamétralement contraires, ni atténuantes de celles portées dans les précédentes instructions.

14° Si cependant notre situation en Europe était telle, que nos frontières fussent déjà envahies, nos places principales prises ou attaquées, ce que les plénipotentiaires connaîtront facilement par les papiers publics qu'on ne manquera pas de leur communiquer; comme alors probablement les plénipotentiaires adverses n'acquiesceront pas aux conditions ci-dessus, et qu'ils insisteront sur l'évacuation pure et simple de l'Égypte, les plénipotentiaires français déclareront, dans ce cas, que jamais général français ne consentira à une semblable évacuation que sur les ordres par écrit de son gouvernement : ils demanderont un sauf-conduit pour expédier un courrier extraordinaire au Directoire exécutif, et une suspension d'hostilités jusqu'à son retour, qui sera fixé à quatre mois.

15° Le même arrangement pourra avoir lieu dans le cas où les plénipotentiaires ennemis auraient à consulter leurs cours sur les différentes conditions, aux fins d'avoir leur consentement.

16° Les plénipotentiaires ne correspondront officiellement que par écrit.

Fait au quartier général du Caire, le 16 frimaire an VIII de la République française.

Signé : KLÉBER.

Pour copie conforme :

Signé : KLÉBER.

Quartier général du Caire, le 10 novembre 1799.

KLÉBER, *général en chef,*

A S. EX. LE GRAND-VISIR, *généralissime des armées de la Sublime-Porte, illustre parmi les grands éclairés et sages, que Dieu lui donne une longue vie pleine de gloire et de bonheur,*

SALUT ET AMITIÉ.

« Je reçois la lettre que Votre Excellence m'a expédiée par un Tartare, au sujet des notes dont Mohamed effendi était porteur.

« Si le gouvernement français m'avait chargé de m'emparer de l'Égypte et de la défendre à outrance contre quiconque voudrait me forcer à l'abandonner, j'aurais obéi; et au lieu de faire des démarches toujours honorables, quand il s'agit de terminer une guerre impolitique et sans objet, j'aurais suivi dans les combats la gloire, compagne fidèle à l'armée que je commande, jusqu'à ce que j'eusse reçu de nouveaux ordres.

« Mais, comme je l'ai fait connaître à Votre Excellence, il a toujours été constant pour moi que jamais la République française n'avait voulu faire la guerre à la Sublime-Porte.

« Les changements qui ont eu lieu dernièrement dans le gouvernement français, les causes qui les ont amenés, les opinions qui ont été manifestées sur l'expédition d'Égypte, annoncent un désir unanime de rétablir la paix avec l'empire ottoman.

« C'est à ce désir que j'ai cédé, en faisant auprès de Votre Excellence toutes les avances convenables.

« J'ai offert d'évacuer l'Égypte, je ne crois pas que la guerre que nous nous faisons puisse avoir un autre objet. Cette évacuation doit donc être le prix de la paix, au moins entre les deux puissances, si elle ne peut l'être pour toute l'Europe.

« Qu'elle ne puisse ni se traiter, ni se conclure en Égypte, j'en demeurerai d'accord; mais que Votre Excellence considère l'évacuation de l'Égypte comme un préliminaire absolu à toute espèce de négociation, c'est un principe sur lequel il lui sera facile de revenir, quand elle aura réfléchi de nouveau aux véritables intérêts de la Sublime-Porte.

« Elle sentira quelle serait sa responsabilité personnelle, si elle attendait du sort incertain des combats, un succès qu'elle peut obtenir sur-le-champ, sans courir aucune chance funeste.

« Mais enfin, quels que soient les désirs de Votre Excellence, et quand même il ne s'agirait que de l'évacuation pure et simple de l'Égypte, il est indispensable de s'entendre; et j'insiste d'autant plus pour établir des conférences à cet effet, que je donnerai à mes délégués des instructions telles qu'ils ne se sépareront pas des vôtres, sans avoir terminé à la satisfaction de la Sublime-Porte, et à celle de Votre Excellence.

« Je l'engage de nouveau à m'envoyer trois ou quatre saufs-conduits en blanc, et à me désigner le lieu ou devront se rendre mes délégués.

« Si, contre mon espérance, je fais en vain pour la paix tout ce que les intérêts de mon pays et ceux de l'humanité me commandent, je serai au moins justifié de tout le sang qui va encore se répandre, et la postérité saura en faire rejaillir le blâme sur ceux qui l'auront mérité.

« Je prie Votre Excellence de croire à la haute considération que j'ai pour elle.

« J'ai reçu les journaux à Francfort jusqu'au 10 octobre; ils ont particulièrement fixé mon attention.

« *Signé :* KLÉBER. »

Au quartier général du Caire, le 13 nivôse an VIII (3 janvier 1800).

Le général en chef KLÉBER *au général* DESAIX *et au citoyen* POUSSIELGUE, *plénipotentiaires près du grand-visir.*

« J'ai reçu, citoyens, les lettres que vous m'avez adressées du bord *Le Tigre*, et je vous présume actuellement sur la plage de Ghazah.

« Si jamais le douzième paragraphe de la lettre du général Bonaparte doit être applicable à une circonstance, c'est bien celle-ci : l'Italie perdue, l'armée navale sortie de la Méditerranée et bloquée dans le port de Brest; la flotte hollandaise au pouvoir des ennemis; les Anglais et les Russes dans la Hollande, Muller battu sur le Rhin; les frontières de l'Alsace livrées à la défense de ses habitants; la Vendée ressuscitée de ses cendres, et Mayence en feu. Enfin le Corps législatif proposant de déclarer la patrie en danger, et rejetant cette proposition, non pas parce que le danger n'existe pas réellement, mais parce que le décret qui pourrait le constater n'y apporterait aucun remède. Quoi de plus alarmant !

« D'après cela et la situation plus que pénible dans laquelle je me trouve, et qui devient de jour en jour plus difficile, je crois, comme général et comme citoyen, devoir me relâcher de mes premières prétentions, et tâcher de sortir d'un pays que, sous plus d'un rapport, je ne puis conserver, duquel on ne paraît pas même s'occuper en France, si ce n'est pour improuver sa conquête. L'espoir d'un renfort prompt et suffisant devait nous engager à gagner du temps; cette espérance détruite, le temps que nous passons ici est perdu pour la patrie; hâtons-nous de lui porter un secours qu'elle est hors d'état de nous faire parvenir.

« En conséquence, dès que l'on vous proposera la

simple neutralité de la Porte Ottomane pendant la guerre, et la libre sortie de l'Égypte avec armes, bagages et munitions, avec la faculté de servir partout et contre tous à notre retour en France, vous devez conclure le traité sans hésiter, et je m'empresserai de le confirmer. Je remettrai de suite, pour garantie du traité, le fort d'El A'rych ; mais les autres places fortes, tant de la Haute-Égypte que de la Basse, ne seront évacuées ni cédées que lorsque tous les bâtiments nécessaires à notre traversée seront rendus devant Damiette et Alexandrie, munis de vivres. Le nombre de ces bâtiments sera calculé sur vingt-cinq mille hommes.

« Les commissaires turcs qui pourraient être envoyés au Caire, devront être accompagnés d'officiers anglais qui serviront d'otages; j'en fournirai de mon côté à sir Sidney-Smith, à nombre et grades égaux ; mais, dans tous les cas, vous ne romprez pas vos négociations, sans que vous m'ayez fait connaître au préalable le dernier mot du grand-visir.

« Vous trouverez ci-joint copie de la lettre que j'écris à sir Sidney-Smith, et duplicata de celle que je vous écrivis il y a quelques jours, et qui, peut-être, ne vous sera pas parvenue; enfin, copie de mes deux dernières au grand-visir, relativement au blocus d'El A'rych et à l'armistice. Ces pièces sont suffisantes pour vous dicter la conduite que vous avez à tenir relativement aux objets qu'elles contiennent, me rapportant sans cesse autant à votre prudence qu'a votre zèle et à votre sagacité.

« Je vous salue,

« *Signé :* KLÉBER. »

Au quartier général de Saléhiëh, le 25 nivôse de la République française (15 janvier 1800).

Le général en chef KLÉBER *au général de division* DESAIX *et au citoyen* POUSSIELGUE, *plénipotentiaires près du grand-vizir.*

« Je reçois ensemble aujourd'hui à Saléhiëh, où je suis arrivé le 23, vos différentes lettres et notes des 14, 18 et 21 nivôse. Celle dont mon aide de camp Baudot était porteur, relatait en peu de mots la situation de la France, jusqu'au commencement d'octobre dernier, et j'en inférais que se livrer à l'espoir d'un renfort dans de semblables conjonctures, ce serait s'abandonner à une idée entièrement chimérique ; qu'en conséquence, il fallait songer à porter à notre patrie les secours qu'elle ne pouvait nous envoyer, ni même nous promettre, puisque dans les papiers qui nous sont parvenus jusqu'à présent, il n'a jamais été question de l'expédition d'Égypte que pour en blâmer la conquête : ceci, joint à l'extrême pénurie d'argent dans laquelle je me trouve, et qui rend ma position plus pénible encore que la présence de l'ennemi, me portait à vous prescrire de consentir à l'évacuation de ce pays, à la simple condition *que la Porte Ottomane se retirerait aussitôt de la triple alliance.* Depuis cette époque, le fort d'El A'rych a été pris; et, malgré tous mes efforts, je ne puis réunir, tant ici qu'à Belbéis et Catiëh, plus de six mille hommes pour m'opposer à l'armée ennemie qui s'avance. Que cela suffise pour nous assurer la victoire, je le veux; mais quel avantage en tirerais-je? Celui d'être obligé de me livrer, pieds et poings liés, à la première sommation menaçante qui succéderait à mon triomphe momentané; et, si je perdais cette bataille, qui me pardonnerait jamais d'avoir osé l'accepter ?

« Ces considérations, et d'autres encore que je m'abstiendrai d'exposer, me déterminent à persister dans ma résolution pour ce qui concerne l'évacuation de l'Égypte ; mais le grand-vizir, trop fortement lié par le traité du 5 janvier 1799, et plus encore par les circonstances présentes, ne peut consentir à reprendre la neutralité que je lui ai proposée, et qu'au fond du cœur il désire plus que nous. Je vous autorise à passer outre, et à traiter l'évacuation pure et simple, en évitant seulement de donner à cette reddition la formule d'une capitulation, en vous appliquant, au contraire, à lui imprimer le caractère d'un traité basé sur la note du plénipotentiaire sir Sidney-Smith, en date du 30 décembre dernier.

CONCLUSION.

« 1° Nous sortirons de l'Égypte aussitôt que le nombre des bâtiments nécessaires à notre transport, et approvisionnés de subsistances, aura été fourni.

« 2° Les bâtiments français et autres, restés dans le port d'Alexandrie, seront armés en guerre et employés de préférence à l'embarquement des troupes.

« 3° Nous aurons, ainsi qu'il est déjà convenu, tous les honneurs de la guerre, et nous emporterons armes et bagages, sans qu'aucun bâtiment puisse être visité, sous quelque prétexte que ce soit.

« 4° Jusqu'au moment de la réunion des bâtiments turcs dans les ports de l'Égypte, les armées resteront dans leurs positions actuelles ; la Haute-Égypte seulement sera de suite et successivement évacuée jusqu'au Caire ; toute l'armée partira en même temps des ports de l'Égypte pour faire route ensemble, ce qui ne pourra être qu'après l'équinoxe du printemps.

« 5° Les détails relatifs à la marine seront arrêtés entre le reis-effendi et l'ordonnateur de la marine Leroy, qui se rendra à cet effet au lieu indiqué.

« 6° L'armée française percevra les revenus de l'Égypte jusqu'au moment de son évacuation ; et il sera consenti jusqu'à cette époque une trêve bien entendue et garantie réciproquement par des otages.

« Vous donnerez à toutes ces clauses et arrangements toute l'étendue et les modifications nécessaires pour leur exécution, et toujours de la manière la plus honorable pour l'armée française ; enfin, vous ne romprez en aucun cas les conférences, à moins que le traité ne soit définitivement conclu.

« *Signé* : KLÉBER. »

Quartier général de Saléhiëh, le 26 nivôse an VIII (16 janvier 1800).

KLÉBER, *général en chef, au général de division* DESAIX *et au citoyen* POUSSIELGUE, *plénipotentiaires près le grand-vizir.*

« Quatre heures après que je vous ai eu expédié ma dernière dépêche, est arrivé l'aide de camp Savary, m'apportant vos lettres des 23 et 24. Je n'ai, de mon côté, autre chose à ajouter à ce que je vous ai écrit, si ce n'est que je vous donne des pouvoirs illimités pour traiter et consentir à l'évacuation de l'Égypte pure et simple et de la manière la plus honorable pour l'armée française ; mais il me semble qu'il est de l'intérêt même des Turcs de n'entrer en Égypte que lorsque nous l'aurons évacuée, du moins en partie ; car, comment éviter sans cela un carnage, qui peut-être rendra tous les traités illusoires. Ainsi, un mois de trêve me paraît presque indispensable ; l'évacuation de l'Égypte supérieure est surtout très-difficile sans cela. Je remets, au reste, le tout à votre prudence et à votre sagacité.

« Kléber, général en chef de l'armée d'Égypte, autorise et donne pleins pouvoirs à ses plénipotentiaires, le général de division Desaix et le citoyen Poussielgue, de traiter définitivement, et sans qu'il soit nécessaire de demander des instructions ultérieures, de l'évacuation de l'Égypte, avec les plénipotentiaires du grand-vizir, aux conditions les plus honorables pour l'armée française et ainsi que peuvent le permettre les circonstances.

« *Signé :* KLÉBER. »

CONVENTION

POUR L'ÉVACUATION DE L'ÉGYPTE

passée entre les citoyens DESAIX, *général de division, et* POUSSIELGUE, *administrateur général des finances,*
Et Leurs Excellences MOUSTAPHA-RASCHID, *effendi tefterdar, et* MOUSTAPHA-RAZYCHEH, *effendi-reis El-Kettab, ministres plénipotentiaires de Son Altesse le Suprême Vizir.*

L'armée française en Égypte, voulant donner une preuve de ses désirs d'arrêter l'effusion du sang, et de voir cesser les malheureuses querelles survenues entre la République française et la Sublime-Porte, consent à évacuer l'Égypte, d'après les dispositions de la présente convention, espérant que cette concession pourra être un acheminement à la pacification générale de l'Europe:

Art. 1er. L'armée française se retirera avec armes, bagages et effets, sur Alexandrie, Rosette et Aboukir, pour y être embarquée et transportée en France, tant sur ses bâtiments que sur ceux qu'il sera nécessaire que la Sublime-Porte lui fournisse; et pour que lesdits bâtiments puissent être plus promptement préparés, il est convenu qu'un mois après la ratification de la présente il sera envoyé au château d'Alexandrie un commissaire.

Art. 2. Il y aura un armistice de trois mois en Égypte, à compter du jour de la signature de la présente convention ; et cependant, dans le cas où la trêve expirerait avant que lesdits bâtiments à fournir par la Sublime-Porte fussent prêts, ladite trêve sera prolongée jusqu'à ce que l'embarquement puisse être complétement effectué ; bien entendu que de part et d'autre on emploiera tous les moyens possibles pour que la tranquillité des armées et des habitants, dont la trêve est l'objet, ne soit point troublée.

Art. 3. Le transport des armées françaises aura lieu, d'après le règlement des commissaires nommés, à cet effet, par la Sublime-Porte et par le général en chef Kléber ; et si, lors de l'embarquement il survenait quelque discussion entre lesdits commissaires sur cet objet, il en sera nommé un par M. le commodore Sidney-Smith, qui décidera les différends, d'après les règlements maritimes de l'Angleterre.

Art. 4. Les places de Cathiëh et de Saléhiëh seront évacuées par les troupes françaises, le huitième jour, ou au plus tard le dixième jour, après la ratification de la présente convention. La ville de Mansoura sera évacuée le quinzième jour ; Suez sera évacuée six jours avant le Caire ; les autres places, situées sur la rive orientale du Nil, seront évacuées le dixième jour ; le Delta sera évacué quinze jours après l'évacuation du Caire. La rive occidentale du Nil et ses dépendances resteront entre les mains des Français jusqu'à l'évacuation du Caire ; et cependant, comme elles doivent être occupées par l'armée française jusqu'à ce que toutes les troupes soient évacuées de la Haute-Égypte, ladite rive occidentale et ses dépendances pourront n'être évacuées qu'à l'expiration de la trêve, s'il est impossible de les évacuer plus tôt. Les places évacuées par l'armée seront remises à la Sublime-Porte dans l'état où elles se trouvent actuellement.

Art. 5. La ville du Caire sera évacuée dans le délai de quarante jours, si cela est possible, ou au plus tard dans quarante-cinq jours, à compter du jour de la ratification de la présente.

Art. 6. Il est expressément convenu que la Sublime-Porte apportera tous ses soins pour que les troupes françaises des diverses places de la rive occidentale du Nil, qui se replieront avec armes et bagages vers le quartier général, ne soient, pendant leur route, inquiétées dans leurs personnes, biens et honneur, soit de la part des habitants de l'Égypte, soit par les troupes de l'armée impériale ottomane.

Art. 7. En conséquence de l'article ci-dessus et pour prévenir toutes discussions et hostilités, il sera pris des mesures pour que les troupes turques soient toujours suffisamment éloignées des troupes françaises.

Art. 8. Aussitôt après la ratification de la présente convention, tous les Turcs et autres nations sans distinction, sujets de la Sublime-Porte, détenus ou retenus en France, seront mis en liberté, et réciproquement tous les Français détenus ou retenus dans toutes les villes et échelles de l'empire ottoman, ainsi que toutes les personnes de quelque nation qu'elles soient, attachées aux légations et consulats français, seront également mis en liberté.

Art. 9. La restitution des biens et des propriétés des habitants et des sujets de part et d'autre, ou le remboursement de leur valeur aux propriétaires, commencera immédiatement après l'évacuation de l'Égypte, et sera réglé à Constantinople par des commissaires nommés respectivement pour cet objet.

Art. 10. Aucun habitant de l'Égypte, de quelque religion qu'il soit, ne sera inquiété, ni dans sa personne, ni dans ses biens, pour les liaisons qu'il pourra avoir eues avec les Français pendant leur occupation de l'Égypte.

Art. 11. Il sera délivré à l'armée française, tant de la part de la Sublime-Porte que de la Grande-Bretagne, les passe-ports, saufs-conduits et convois nécessaires pour assurer son retour en France.

Art. 12. Lorsque l'armée française d'Égypte sera embarquée, la Sublime-Porte, ainsi que ses alliés, promettent que, jusqu'à son retour sur le continent de la France, elle ne sera nullement inquiétée; comme, de son côté, le général en chef Kléber, et l'armée française en Égypte, promettent de ne commettre, pendant ce temps, aucune hostilité, ni contre les flottes, ni contre le pays de la Sublime-Porte et de ses alliés, et que les bâtiments qui transporteront ladite armée ne s'arrêteront à aucune côte qu'à celle de France, à moins de nécessités absolues.

Art. 13. En conséquence de la trêve de trois mois, stipulée ci-dessus avec l'armée française pour l'évacuation de l'Égypte, les parties contractantes conviennent que si, dans l'intervalle de ladite trêve, quelques bâtiments de France, à l'insu des commandants des flottes alliées, entraient dans le port d'Alexandrie, ils en partiraient après avoir pris l'eau et les vivres nécessaires, et retourneraient en France munis de passe-ports des cours alliées, et dans le cas où quelques-uns desdits bâtiments auraient besoin de réparations, ceux-là seuls pourraient rester, jusqu'à ce que lesdites réparations fussent achevées, et partiraient aussitôt après pour la France, comme les précédents, par le premier vent favorable.

Art. 14. Le général en chef Kléber pourra envoyer sur-le-champ en France un aviso, auquel il sera donné les saufs-conduits nécessaires pour que ledit aviso puisse prévenir le gouvernement français de l'évacuation de l'Égypte.

Art. 15. Étant reconnu que l'armée française a besoin de subsistances journalières pendant les trois mois dans lesquels elle doit évacuer l'Égypte, et pour trois autres mois à compter du jour où elle sera embarquée, il est convenu qu'il lui sera fourni les quantités nécessaires de blé, viande, riz, orge et paille, suivant l'état qui en est présentement remis par les plénipotentiaires français, tant pour le séjour que pour le voyage; celles desdites quantités que l'armée aura retirées de ses magasins après la ratification de la présente seront déduites de celles à fournir par la Sublime-Porte.

Art. 16. A compter du jour de la ratification de la présente convention, l'armée française ne prélèvera aucune contribution quelconque en Égypte; mais, au contraire, elle abandonnera à la Sublime-Porte les contributions ordinaires exigibles, qui lui resteraient à lever jusqu'à son départ, ainsi que les chameaux, dromadaires, munitions, canons et autres objets lui appartenant qu'elle ne jugera pas à propos d'emporter, de même que les magasins de graines provenant des contributions déjà levées; et enfin, les magasins de vivres. Ces objets seront examinés et évalués par des commissaires envoyés en Égypte, à cet effet, par la Sublime-Porte et par le commandant des forces britanniques, conjointement avec les préposés du général en chef Kléber, et remis par les premiers au taux de l'évaluation ainsi faite, jusqu'à la concurrence de la somme de 3,000 bourses [1], qui sera nécessaire à l'armée fran-

1. La bourse équivaut à environ 1,000 fr. monnaie de France.

çaise, pour accélérer ses mouvements et son embarquement; et si les objets désignés ne produisaient pas cette somme, le déficit sera avancé par la Sublime-Porte, à titre de prêt qui sera remboursé par le gouvernement français, sur les billets des commissaires préposés par le général en chef Kléber, pour recevoir ladite somme.

Art. 17. L'armée française ayant des frais à faire pour évacuer l'Égypte, elle recevra après la ratification de la présente convention, la somme stipulée dans l'ordre suivant :

Savoir :

Le quinzième jour. . . .	500 bourses.
Le trentième jour. . . .	500 »
Le quarantième jour. . .	300 »
Le cinquantième jour. .	300 »
Le soixantième jour. . .	300 »
Le quatre-vingtième jour.	300 »
Et enfin, le quatre-vingt-dixième jour. . . .	500 autres bourses.

Toutes lesdites bourses de 500 piastres turques chacune, lesquelles seront reçues en prêt des personnes commises à cet effet par la Sublime-Porte ; et, pour faciliter l'exécution desdites dispositions, la Sublime-Porte enverra immédiatement après l'échange des ratifications des commissaires dans la ville du Caire et dans les autres villes occupées par l'armée.

Art. 18. Les contributions que les Français pourraient avoir perçues après la date de la ratification, et avant la notification de la présente convention, dans les divers points de l'Égypte, seront déduites sur le montant des 3,000 bourses ci-dessus stipulées.

Art. 19. Pour accélérer et faciliter l'évacuation des places, la navigation des bâtiments français de transports qui se trouveront, dans les trois mois de trêve, depuis Damiette et Rosette jusqu'à Alexandrie, et d'Alexandrie à Rosette et Damiette.

Art. 20. La sûreté de l'Europe exigeant les plus grandes précautions pour empêcher que la contagion de la peste n'y soit transportée, aucune personne malade, ou soupçonnée d'être atteinte d'une maladie, ne sera embarquée; mais les malades pour cause de peste, ou pour toute maladie qui ne permettrait pas leur transport dans le délai convenu pour l'évacuation, demeureront dans les hôpitaux où ils se trouveront sous la sauvegarde de Son Altesse le suprême-vizir, et seront soignés par des officiers de santé français qui resteront auprès d'eux jusqu'à ce que leur guérison leur permette de partir, ce qui aura lieu le plus tôt possible.

Les articles 11 et 12 de cette convention leur seront appliqués comme au reste de l'armée, et le commandant en chef de l'armée française s'engage à donner les ordres les plus stricts aux différents officiers commandant les troupes embarquées, de ne pas permettre que les bâtiments les débarquent dans d'autres ports que ceux qui seront indiqués par les officiers de santé, comme offrant les plus grandes facilités pour faire la quarantaine utile, usitée en nécessaire.

Art. 21. Toutes les difficultés qui pourraient s'élever, et qui ne seraient pas prévues par la présente convention, seront terminées à l'amiable entre les commissaires délégués, à cet effet, par Son Altesse le suprême-vizir et par le général en chef Kléber, de manière à en faciliter l'exécution.

Art. 22. Le présent ne sera valable qu'après les ratifications respectives, lesquelles devront être échangées dans le délai de huit jours ; ensuite de laquelle ratification la présente convention sera religieusement observée de part et d'autre.

Fait et scellé de nos sceaux respectifs, au camp des conférences près d'El A'rych, le 4 pluviôse an VIII de la République française, 24 janvier 1800, et 28 de la lune de chaban, l'an de l'hégire 1214.

Signé : le général de division Desaix, le citoyen Étienne Poussielgue, plénipotentiaires du général Kléber ;

Et leurs excellences Moustapha-Raschid, effendi tefterdar, et Moustapha-Rasychet, effendi-reis elkettad, plénipotentiaires de Son Altesse le suprême-vizir.

Pour copie conforme à l'expédition française,

remise aux ministres turcs en échange de leur expédition en turc.

Signé : POUSSIELGUE, DESAIX.

Le général Kléber renvoya l'exemplaire turc au grand-vizir, avec sa ratification au bas, ainsi conçue :

« Je soussigné, général en chef, commandant « l'armée française en Égypte, approuve et ratifie « les conditions du traité ci-dessus, pour avoir « leur exécution en leur forme et teneur, devant « croire que les vingt-deux articles y relatés sont « entièrement conformes à la traduction française « signée par les plénipotentiaires du grand-vizir, « et ratifiée par Son Altesse, traduction dont le sens « sera exactement suivi, chaque fois, qu'à cet « égard, et pour raison de quelques variantes, il « pourrait s'élever des difficultés. »

Au quartier général de Saléhiéh, le 8 pluviôse (28 janvier 1800).

Signé : KLÉBER.

A bord du *Tigre*, à Chypre, 21 février 1800.

Le commodore SIDNEY-SMITH *au général en chef* KLÉBER.

« Monsieur le général,

« Je reçois à l'instant la lettre ci-incluse à votre adresse. Elle est accompagnée d'ordres qui m'auraient empêché d'acquiescer à la conclusion d'une convention entre Son Altesse le grand-vizir et vous, autrement que sous les conditions y énoncées, si je les avais reçues à temps. Maintenant que cette convention a eu lieu d'un commun accord, selon notre traité d'alliance avec la Porte, pendant que nous ignorions cette restriction, je ne conçois pas la possibilité de son infraction. En même temps je dois vous avouer que la chose ne me paraît pas assez claire pour que je puisse vous la garantir autrement que par ma détermination de soutenir ce qui a été fait, en tant que cela dépend de moi. Je suis au désespoir que ces lettres aient été tellement retardées en route. Si vous n'aviez rien évacué, il n'y aurait pas de mal que les choses restassent comme elles étaient au commencement des conférences, jusqu'à l'arrivée des instructions conformes aux circonstances. Il est à observer que ces dépêches sont d'ancienne date (1er janvier), écrites d'après des ordres venus de Londres au vice-amiral lord Keith, en date du 15 au 17 décembre, évidemment dcitées par l'idée que vous traitiez séparément avec les Turcs, et pour empêcher l'exécution de toute mesure contraire à notre traité d'alliance. Mais maintenant qu'on est mieux instruit, et que la convention est réellement ratifiée, je ne doute pas que la restriction ne soit levée avant l'arrivée des transports. Je juge de votre embarras, Monsieur le général, par le mien; peut-être avec la bonne foi qui vous caractérise. pourrions-nous aplanir des difficultés insurmontables. Je m'empresse de me rendre devant Alexandrie pour y rencontrer votre réponse. Vous voyez, Monsieur le général, que je m'en rapporte encore une fois à votre libéralité sur cette question vraiment difficile, certain qu'en tout cas vous me ferez justice de croire à la loyauté de mes intentions.

« J'ai l'honneur d'être, avec une considération distinguée et une parfaite estime,

« Votre très-humble serviteur,

« *Signé :* SIDNEY-SMITH. »

Le GRAND-VIZIR *au commodore* SIDNEY-SMITH.

« Il est superflu de vous faire savoir qu'il a été convenu, dans les conférences qui ont eu lieu à

El A'rych, entre mes plénipotentiaires et ceux de l'honoré général Kléber, que les escadres de la Sublime-Porte, celles de l'Angleterre et de la Russie n'auraient pas inquiété les bâtiments sur lesquels doivent s'embarquer les Français qui évacueront l'Égypte. Ces conventions vous ont été connues, et elles ont été stipulées d'après votre avis, en vertu de votre qualité de ministre plénipotentiaire; vous êtes convenu en même temps que la Porte aurait fourni des finances de route, et que vous auriez donné des passe-ports aux Français qui seraient sortis en toute sûreté avec armes et bagages, et remis lesdits passe-ports au lord Nelson, qui serait chargé de les faire arriver sains et saufs dans les ports de France.

« D'après cela, il est évident qu'il est de toute nécessité que cette convention soit complétement exécutée, sans qu'il puisse y être mis aucune opposition.

« Cependant le général en chef Kléber vient de m'envoyer copie d'une lettre que vous lui écrivez, et dont l'original a été vu par votre secrétaire, lettre dans laquelle vous lui faites part des ordres de lord Keith, mon honoré ami, amiral de l'escadre de Sa Majesté Britannique dans la Méditerranée, qui sont contraires à l'exécution de la convention.

« Quoique vous n'ayez pas encore reçu la lettre du lord Keith, qui contient les susdits ordres, votre lettre ayant singulièrement affecté le général Kléber, Son Excellence Moustapha-Pacha a fait savoir, par des dépêches réitérées, qu'il se refusait à évacuer le Caire. Comme vous mandez à ce général, en lui faisant part des ordres du lord Keith, qu'il serait nécessaire d'avoir de nouvelles conférences pour prendre des arrangements en conséquence, il a élevé des doutes sur la libre sortie des Français de l'Égypte, et a déclaré qu'il n'évacuerait le Caire que lorsqu'il serait pleinement rassuré. Cependant l'époque où le Caire aurait dû être évacué, conformément à la convention, étant arrivée, et cette infraction au traité mettant dans le cas de recommencer les hostilités; mais étant convaincu que le général Kléber ne s'est pas conformé au traité à cet égard, que parce qu'il a eu connaissance et a été très-affecté des difficultés opposées par lord Keith, et qu'il désirait, avant d'en venir à cette mesure, être rassuré de ce côté, on s'est borné à lui faire donner l'assurance que l'Angleterre ne mettrait aucun obstacle à l'arrivée de l'armée française dans les ports de France.

« Il est inutile de vous dire qu'il est certain que lord Keith n'était pas instruit de l'évacuation de l'Égypte, lorsqu'il a expédié ses dépêches, et que vous auriez dû lui en donner connaissance avant d'écrire au général français des lettres qui devaient nécessairement lui donner de l'inquiétude; vous devez donc montrer le plus grand zèle pour faire exécuter complétement tous les articles de cette convention, passée entre la Sublime-Porte et les Français qui sont en Égypte, et à laquelle vous avez participé comme plénipotentiaire de votre cour; vous y êtes d'autant plus obligé que, conformément à l'alliance que la Sublime-Porte a contractée avec l'Angleterre, et par laquelle cette puissance garantit l'intégrité de l'empire ottoman, vous devez mettre tout en œuvre afin que l'Égypte soit remise le plus tôt possible sous sa domination.

« L'ambassadeur extraordinaire de Sa Majesté Britannique près la Sublime-Porte, le lord Elgin, notre ami, lui a présenté plusieurs mémoires dans lesquels il dit que son roi n'apportera aucune difficulté dans les conventions qu'elle voudra passer pour l'évacuation de l'Égypte; que sa volonté, à cet égard, sera toujours exécutée, et que Sa Majesté Britannique se conformera toujours aux articles du traité d'alliance qui unit les deux puissances; d'après cela, il est de votre devoir de faire cesser promptement les difficultés que votre lettre a apportées à l'entière exécution de la convention passée pour l'évacuation de l'Égypte.

« Je vous écris la présente, afin que, mettant tous vos soins à ce que rien n'arrive de contraire à notre alliance et à la convention stipulée, vous m'expédiiez le plus tôt possible une dépêche tendant à rassurer le général Kléber, par la certitude que vous me donnerez que les bâtiments sur lesquels seront embarqués les Français ne seront nullement inquiétés par les bâtiments anglais, et que ceux-ci, au contraire, les feront parvenir sains et saufs dans leur patrie ; et que, conformément à notre alliance, vous et tous les préposés de votre cour emploierez tous vos moyens afin que les articles de la convention soient pleinement exécutés. Quand la présente vous sera parvenue, j'espère que vous ferez tout ce qui tendra à resserrer notre alliance, et surtout à faire exécuter la convention, et que vous vous empresserez de m'envoyer la lettre que je vous demande.

« *Signé :* YOUSSEF-PACHA. »

« Pour copie conforme,

« Le général de division, chef de l'État-major,

« *Signé :* DAMAS. »

Au quartier général de l'armée française, le 28 ventôse an VIII.

« L'armée dont le commandement m'est confié,
« ne trouve point, dans les propositions qui m'ont
« été faites de la part de Votre Altesse une ga-
« rantie suffisante contre les prétentions inju-
« rieuses et contre l'opposition du gouvernement
« anglais, à l'exécution de notre traité. En consé-

« quence, il a été résolu ce matin, au conseil de « guerre, que ces propositions seraient rejetées, et « que la ville du Caire ainsi que ses forts demeu- « reraient occupés par les troupes françaises, jus- « qu'à ce que j'aie reçu du commandant en chef de « la flotte anglaise de la Méditerranée une lettre « directement contraire à celle qu'il m'a adressée « le 8 janvier, et que j'aie entre les mains les passe- « ports signés par ceux qui ont le droit d'en ac- « corder.

« D'après cela, toutes conférences ultérieures « entre nos commissaires deviennent inutiles, et « les deux armées doivent dès cet instant être con- « sidérées comme en état de guerre.

« La loyauté que j'ai apportée dans l'exécution « ponctuelle de nos conventions donnera à Votre « Altesse la mesure des regrets que me fait éprou- « ver une rupture, aussi extraordinaire dans ces « circonstances, que contraire aux avantages com- « muns de la République française et de la Su- « blime-Porte. J'ai assez prouvé combien j'étais « animé du désir de faire naître les liaisons d'in- « térêt et d'amitié qui unissaient depuis longtemps « les deux puissances. J'ai tout fait pour rendre « manifeste la pureté de mes intentions. Toutes « les nations y applaudiront, et Dieu soutiendra « par la victoire la justice de ma cause. Le sang « que nous sommes prêts à répandre rejaillira sur « les auteurs de cette nouvelle dissension.

« Je préviens aussi Votre Altesse que je garde « comme otage à mon quartier général Son Excel- « lence Moustapha-Pacha, jusqu'à ce que le général « Galbo, retenu à Damiette, soit arrivé à Alexan- « drie, avec sa famille et sa suite, et qu'il ait pu « me rendre compte du traitement qu'il a éprouvé « des officiers de l'armée ottomane, sur lesquels on « me fait des rapports très-extraordinaires.

« La sagesse accoutumée de Votre Altesse lui « fera distinguer aisément de quelle part viennent « les nuages qui s'élèvent; mais rien ne pourra « altérer la grande considération et l'amitié bien « sincère que j'ai pour elle.

« *Signé:* KLÉBER. »

Cette lettre de Kléber au grand-vizir, antérieure de quelques heures seulement à la bataille d'Héliopolis, est la dernière pièce de la correspondance relative à la convention pour l'évacuation de l'Égypte.

Le commencement du rapport sur cette bataille, que nous avons cité textuellement, est la dernière chose que Kléber ait écrite. La mort ne lui permit pas de terminer ce rapport, qui fut achevé par le général Damas.

TABLE DES MATIÈRES

Paris. Imp. P.-A. Bourdier, Capiomont fils et Cie, rue des Poitevins, 6.

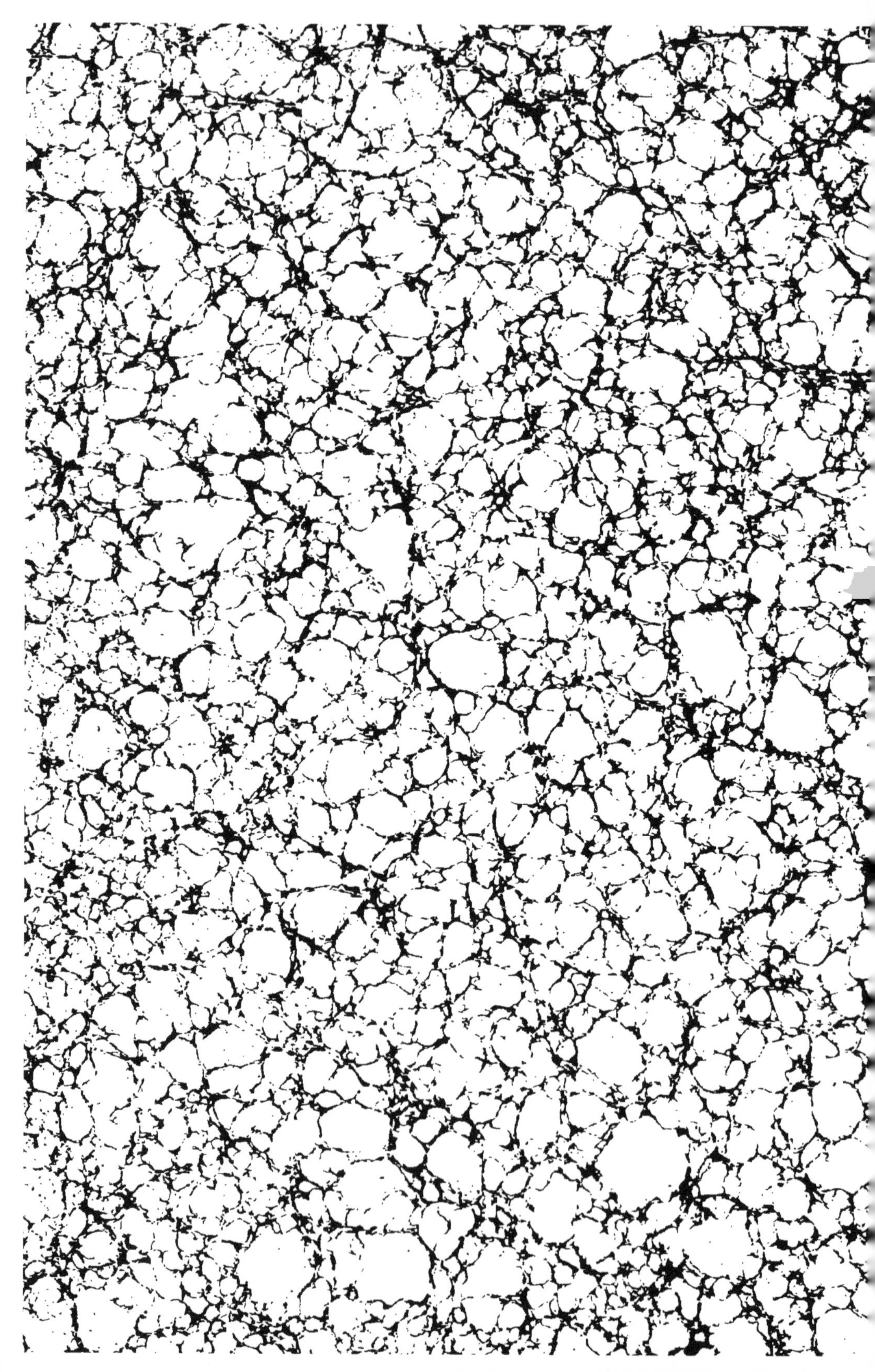

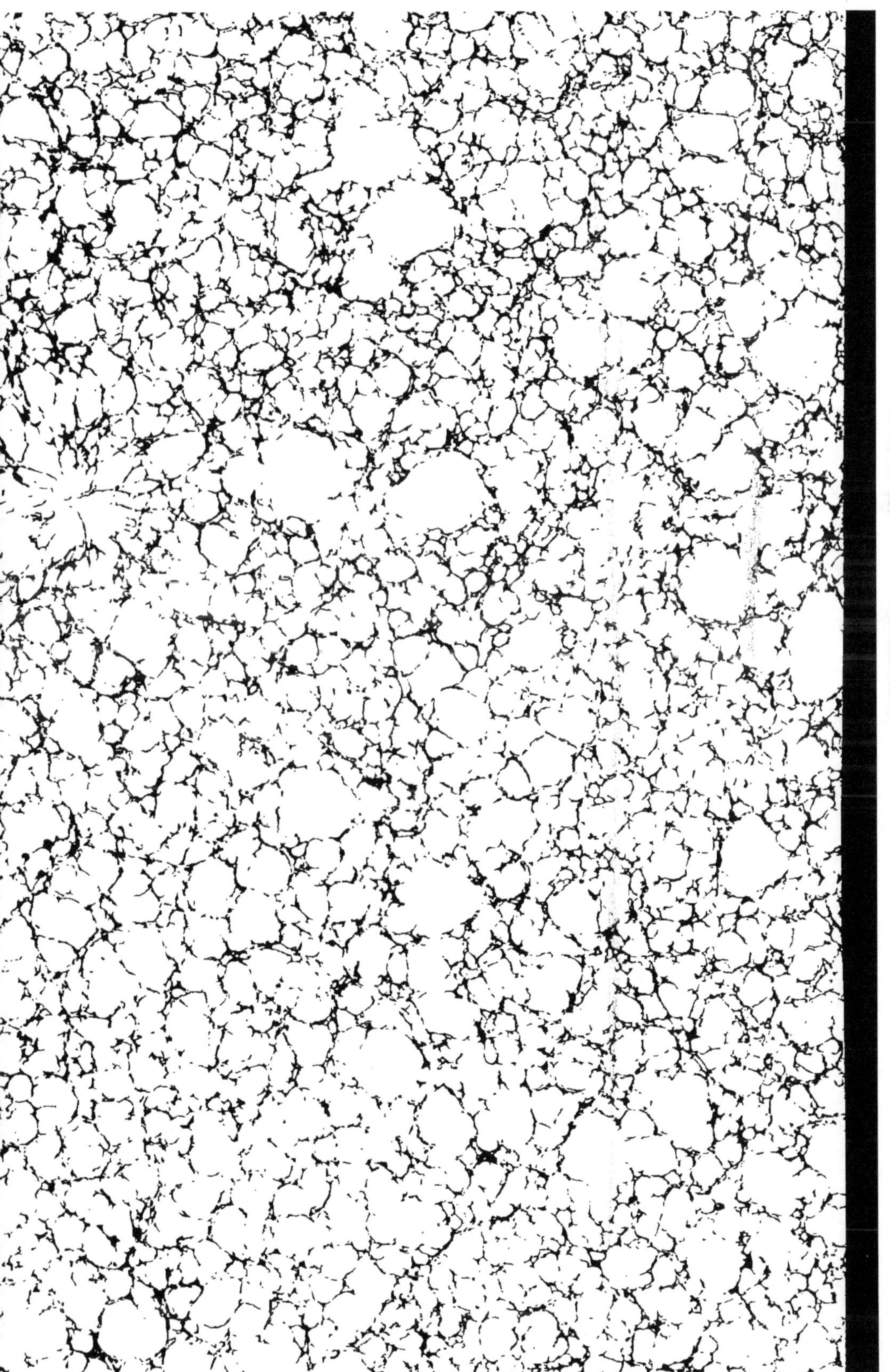

www.ingramcontent.com/pod-product-compliance
Ingram Content Group UK Ltd.
Pitfield, Milton Keynes, MK11 3LW, UK
UKHW020425200726
13857UKWH00002B/282